別讓不會說話害了你

── 唐牧心 著

原書名：跟誰都能聊得來

話得這麼說

在生活中我們總能發現太多人運氣好得令人難以置信，他們輕易獲得體面高薪的工作，他們很容易碰到優質的情人，他們的苦難最後總能迎刃而解……後來人們發現，這些人擁有共同的特質：心胸開闊、外向、做事積極，尤其是會說話。

說話是什麼？先別笑，這是一個很嚴肅的問題。在語言大師眼裡說話是門藝術；在成功學裡面說話是最重要的工具之一；在藝人眼裡說話是不可或缺的職業技能；而在一般大眾面前卻實在得多，說話無非是他們每天都要進行的活動，就像喝水、吃飯一樣。

我們天天在說話，可是不妨問問自己，我們都說對了嗎？看似簡單的溝通交流方式，卻可以帶來不一樣的結果。說錯話不比做錯事，說對了，一言興邦一言喪邦；說錯了，你一開口，別人就已經知道你是什麼樣的人，應該把你放在什麼位置。由此看來，會說話實在是一種好本事，擁有這種本事的人可以把一件艱難的事情談成，把一個危險的問題解決，把兩個陌生的人變成朋友，把不善意的敵對變為和平的共處。

這不是速成班裡可以短期訓練出來的「技能」，會說話是需要長期的學習、思考、累積和醞釀的。你先要懂得足夠多的知識，不要別人說什麼都接續不上、入不了話局；你還要變得愈來愈敏銳，能從別人的字裡行間察覺到他們的心情和真正的意思；最後要真誠，推己及人，能夠換位思考，用

「好啊」表達自己的意思，而不是強硬的「不」，並且讓別人總對自己說「OK」，那麼人生就一切OK；當然，懂得說話最重要的是能夠開得了口，千萬不能臉紅脖子粗地等半天，最後還沒來得及說話，別人就已經離開，那麼即使掌握了以上的幾點也就沒有任何意義了。

所以，本書以說話的整個流程為出發點，從開不了口說話開始，到教你怎麼樣說一些交際的「廢話」，再到面對說不下去的尷尬時如何應對，直到說話時如何避免太過直接的衝突，最後到情話怎麼說、對孩子怎麼說話等等，全書列舉了大量生活工作中的實例，潛移默化地讓你開始思考，開始懂得說話的方法。這裡並不大量鋪排說話的技巧，不是簡單教你在什麼情境下說什麼話，而是耐心地分析引導讀者，讓大家在輕鬆的閱讀中學習如何做一個「會說話」的人，不求左右逢源、八面玲瓏，只求讓大家的生活圓融如意。

現實中很多人卻常常向我抱怨：為什麼我一説話就遭遇冷場的尷尬？為什麼別人不會關注我説的話？為什麼別人要説一些沒有用的八卦？為什麼其他人一説話時就滿口讚美和溢美之詞？我想，這些問題都出在「不會説話」的人身上。

誠然，説話是上天賜給人類的天賦，能夠開口説話是每個人都應該擁有的權利，不過，上天同時耍了一個小心機，因為祂讓人擁有了説話的能力，卻不讓人人都擁有説話的智慧。只懂得説話卻不懂説話智慧的人是不能在交際場合得到關注的，更別説得到別人的認同和讚揚。

很多人問我如何能在別人面前説話如同「舌燦蓮花」，卻還能達到「滴水不漏」，每每我都笑著説：因為我會「説三道四」啊！「説三道四？」此話一出經常是問的人側目視之，而聽的人彷彿在雲霧中。

確實，「説三道四」是個徹頭徹尾的貶義詞語，試想，不負責的胡説又怎麼能在交際中佔得先機呢？不過，我説的「説三道四」有新的解讀，那就是想要説話到位，就必須學會由一個問題過渡到的另一個問題，如果話題能這樣連續下去，還何愁打不開別人的話匣子？

不過，想要學會「説三道四」的人首先要學會如何開口和別人説話，如果你每次都面紅耳赤、左等右等，那麼這樣的話大可不必再説。因為，我們常常要面對著陌生人，當面對這些人説話時，

最需要有和陌生人說話的勇氣！

說話是面鏡子，如果你能口若懸河、滔滔不絕地陳述自己的觀點，那麼它的鏡像反映必然也是熱烈的回應；如果你張不開口、畏畏縮縮，那麼它的鏡像反映就會是沉默、沉默、再沉默！如果是這樣的結局，那麼為什麼不選擇去做「最知心的陌生人」呢？

當然，能開口說話在交際中也未必是件好事，因為很多人不知道開了口之後會怎麼說。其實，面對這樣的情形，最明智的做法就是：說一些「廢話」。「廢話」？想必很多人心中會出現一個大問號，不過，我說的廢話可不是沒用的話，而是那些「能拉近彼此關係卻意義不大的話」，我們最應該做的就是不斷發揮那些「廢話」的暖心作用。

「廢話」說完之後開始進入主題，我從不建議那些衝突性很強的交流，最正確的做法就是「轉個彎」，婉轉一些，能讓那些不好的話變得更「溫順」，也就不會傷害到說話雙方的感情。不過，交際中一定要注意到那些尷尬的話題，不要輕易讓話題走入「死胡同」，讓別人接不下去是最失敗的說話方式。當然，說話中也離不開適度的挑釁、溫柔綿綿的情話和感人至深的親子對話等等。

在我看來，說話不是僅僅懂得研習一種技巧就能夠的，說話更是一門智慧，能讓人左右逢源，更能讓人做到更好。談話中一切或開心、或悲憤、或失落的結局，無外乎一句話引發的不同情境，所以，想要發揮說話的力量，就該開始瞭解「說話之道」的藝術。

希望本書能讓你懂說話、會說話，即使是「說三道四」也沒什麼不好！

目錄

第一篇

開口的藝術

為什麼有人舌燦蓮花、誇誇其談，而你每次面對陌生人卻難以啟齒、面紅耳赤，話在嘴邊說不出口？開口說話真的有這麼難嗎？

1、記住一句話：全天下都是好人 14

2、「開不了口」的死穴 20

3、不要「冷冰冰」，學會聽別人說 27

4、你很重要！ 31

5、忙著否定？先說些恭維話 37

6、練習說「好啊」！ 43

第二篇

請這麼說廢話

都說廢話是人與人交際的第一句話，現在，開始教你說廢話。

1、讓「聽說」成為最好的開場白 52

第三篇

那些被說死的話題

會說話的說圓了，不會說話的說死了。

1、衝突、衝突再衝突

2、愈描只會愈黑

3、「三句話」必死之惡性循環

4、說「但是」與「不」之後

5、見人說鬼話，見鬼說人話

6、「怪咖」請注意

2、看似無用的場面話

3、「掏心掏肺」，Never Get Out！

4、那些鼓舞人的話語

5、包在我身上！

110　107　99　　95　　90　　84

74　68　64　57

第五篇

一句情話抵萬句

還記得「愛你一萬年」的魔法咒語嗎？有時，情話只要一句就夠了。

1、一句開心話，贏得一顆心

2、天啊！不要再說這種話

3、停在「內心舒適區」最危險

173　165　158

第四篇

拐個彎說話

說話的時候拐個彎，記住：能說善道的秘訣——曲徑最能通幽。

1、說話不要太老實

2、不輕易說「不會」

3、拍馬屁，拍到對方心坎裡

4、彈性說話留有餘地

5、我知道有誰可以幫忙！

6、打圓場 ≠ 和稀泥

149　143　137　131　125　118

第六篇

把話說好，贏得人心

能夠把話說好，最能收服人心。

1、動聽聲音打動人心
2、如何開口，決定你是什麼樣的人
3、「我」與「我們」大不同
4、不要讓運氣卡住自己
5、送給說話直率的人
6、與孩子這麼說才會聽
7、說一句人人喜歡的話

4、告訴對方「你／妳真好」
5、附和的辯證法
6、打腫臉也要充胖子

257 232 225 219 215 208 202　　192 186 180

第一篇

開口的藝術

你會做些什麼？

你應該問我不會做什麼？

噢？那你不會些什麼呢？

這也不會，那也不會！

1、記住一句話：全天下都是好人

情景設置

A與B是好友關係，下午茶閒聊中——

A：Linda 真是個好人！

B：為什麼這麼說？

A：她比我認識的所有朋友都好。

B：是喔……（尷尬中）。

我們也要抱著這樣的態度來說話、做事。堅信這一點，在和人溝通的時候，經常把這句話掛在嘴邊：

在我們對待別人時，心裡一定要記得這句話：天下都是好人。在我們和他人的溝通、交流之中，

14

「您真是好人，您幫我大忙了」，那麼，有誰還會拒你於千里之外呢？

這些話雖然很簡單，卻能在人際關係中提供很多的幫助，迅速拉近和陌生一方的關係，也比較容易打動對方，讓他人願意提供力所能及的幫助。以下是兩個說話方式對比鮮明的案例。

Bella 在汽車公司擔任業務，平時的工作並不辛苦，只是比較繁瑣。有一次替顧客購買的車子做分期手續，Bella 把顧客的一份簽名合約填錯了，這讓她有些著急，因為合約是不能修改的，顧客已經在上面簽了字回去，她無法在合約上修改填錯的資料，而唯一的辦法就是讓顧客再來公司一趟、重新簽一份合約。Bella 看了看顧客的地址，離公司較遠，而且時間也較為緊迫，一定要趕在把合約送交銀行之前重新簽字。

Bella 知道這是自己的工作疏失，要顧客多跑一趟肯定會不高興。她籌劃了一下自己的話術，深深吸了口氣，告訴自己天下都是好人，顧客一定會原諒自己的，於是打電話給顧客。

Bella：「孫先生您好，我是ＸＸ公司的工作人員，您的分期手續我們正在辦理中，不過有件事需要跟您商量一下。」

顧客：「還有什麼事？該簽的字不是都簽了嗎？手續費也繳了！」

Bella 道：「孫先生，您上次來我們公司的時候對我們的工作非常支持，也很體諒我們這些工作

人員，看得出您是一個有教養有紳士風度的人。我們現在有件事需要您的幫忙，希望您能幫我一下好嗎？」

顧客：「呃，什麼事我能幫妳的？」

Bella 道：「孫先生，我首先要跟您說聲對不起，因為您簽字的一份合約上需要我們填寫資料，但是我把資料填錯了。您知道的，合約無法修改，所以必須得要您再來我們公司一趟，再重新簽一份新合約。那份填錯的合約就地銷毀，不能使用！我知道您是好人，您是一個大度的人，這是我工作的疏忽，我真心向您道歉，請您一定要原諒我！」

顧客：「啊，怎麼會填錯了！我公司離你們公司那麼遠，去一趟光坐車就要一個多小時，怎麼搞的！」

Bella 道：「對不起對不起，孫先生請您原諒我吧！因為填錯了您的合約，我挨了上司一頓批評，經理還要扣我的薪水做為懲罰！只有您能救我，您是一個好人，您會幫我的是不是，拜託了！」

顧客停頓了一下道：「好吧好吧！明天我找時間再去一趟，這次可別再給弄錯了！」

Bella 道：「真的嗎？太感謝您了孫先生！您真是一個大好人，您幫我大忙了！」

最後，這樣一件棘手的事情並沒有招來顧客的一頓痛罵，反而獲得了對方的原諒、穩定了對方的情緒，並且引起對方對自己的同情，打動了對方的心，所以順利地獲得了對方的幫助，讓 Bella 順

利度過了難關。

Case B

而下面是吳小姐與 Bella 面臨著同樣的困境，但處理的方式卻截然不同。

吳小姐是一家家電大賣場的銷售人員，她負責銷售某知名品牌的洗衣機。此次洗衣機品牌舉辦活動，讓顧客購買時可以汰舊換新，得到千元的回饋金，正因為這個活動，銷售十分成功。

有一位顧客從她那裡買了一台洗衣機，第二天拿著身分證件和託運舊電器的單子來找她領取汰舊換新的回饋金。吳小姐拿到顧客的身分證件卻傻了眼，沒想到這位顧客是外籍身分，公司規定外籍身分無法享受此項優惠。

吳小姐跟顧客解釋了狀況，這位顧客當場心急如焚：「有回饋金是你們說的，現在東西買了又說沒有錢拿，有這麼開玩笑的嗎？」

吳小姐最怕客人吵嚷，不由得道：「公司就是這樣規定的，你跟我大聲有什麼用呢？」

吳小姐的話音剛落，顧客就被她的話氣壞了，大聲道：「如果妳事先告訴我，我也不會計較！

可是妳信誓旦旦地說有回饋金叫我來拿，還敢埋怨我？妳這是什麼工作態度？怎麼對待顧客的？你

們的賣場做生意講不講誠信經營？你們的經理是誰，把你們經理叫過來說！」

經理趕來，忙向顧客解釋：「先生，這件事的確是我們的工作人員疏忽導致的，她剛才的態度非常不對，您放心，我們一定對她進行嚴厲的處罰，保證以後不再發生類似的事情。我們商場是講究誠信的，我們承諾的事情肯定會兌現，絕對不會讓您吃虧的！」

顧客道：「本來嘛，千元是小事，但你們那個銷售人員真是過分，買東西的時候畢恭畢敬的多熱情，買完東西就冷著一張臉不認帳了！這種態度讓人對你們賣場的印象非常不好，你想我以後還會來你們賣場買東西嗎？」

經理陪笑道：「我們一定會嚴厲處罰這個員工的，按照公司規定，她將會被懲罰，加上另外賠償您的損失，我們會從她這個月薪水扣取！」

顧客道：「這……也太嚴厲了吧？讓她拿出我的活動回饋金，還罰那麼重？」

經理道：「只有這樣才能讓她記住顧客永遠是上帝。您真是一位善心的人，還為這位犯錯的員工說好話，我一定把您的好意轉達給她，她一定會很後悔自己那麼惡劣的態度！」

顧客被經理說得不好意思了，搖搖手道：「你們還是別罰她了，賺點錢不容易。我那點回饋金也不是什麼大事，其實她要是態度好一點，我也就不計較了。讓她賠償我還真是有點於心不忍。」

經理道：「先生，您真是大人有大量！您能這麼體諒她真是她的福氣，您真是一個大好人！我

代表吳小姐對您表示感謝！」

　　Bella 的事情說明，在很多情況下當我們遇到困難的時候，我們首先要想這個世界上還是好人多，首先把自己的心態調整好，用一種積極的態度面對問題，用誠懇的態度打動對方，才能有利於我們順利度過困難。

　　雖然，吳小姐的一場危機就這樣化解了，但是我想她前途依舊堪憂，這是因為，她並不能掌握合適的談話技巧，不能夠站在顧客的角度去看問題，尤其是不解決問題只發洩情緒的話，必然會適得其反。

　　由 Bella 和吳小姐兩種說話方式的對比來看，在面對他人時，我們一定要首先樹立一個觀念──全天下都是好人，不要有明顯的好壞之分。很多時候如果你認為天下都是好人，認為對方一定會有善心是好人，並且適當地表達出對「好人」的讚頌，那很多情況下對方就會順著「好人」的思緒往前走，人與人之間的距離感就能得到很大的縮減。

2、「開不了口」的死穴

情景設置

A與B在Pub中——

A：我喜歡她七年了……。

B：那你們生活一定很幸福吧？

A：我還不敢告訴她……。

B：是喔……（無語中）。

你還在堅持自己的觀點——不要和陌生人說話？你還在認為路人們都有著冷冰冰的態度？你還在以為「沉默是金」的箴言作用？你還在認為不多話是沉穩歷練的表現？你還在認為……如果，你

還在一味地害怕與別人說話，那麼，你不僅會與整個社會脫節，而且可能錯失你應該認識的、在乎的、愛的人，如果是這樣的結局，你還是堅持「打死也不能說」？讓那些「不能說的秘密」永遠藏在心底？

大概，很多人都十分羨慕那些能在陌生人面前依舊談笑風生的人，尤其是那些性格靦腆內斂的人，啟齒說話對他們來說是個巨大的挑戰，動輒就會有臉紅脖子粗的表現，更別說在一場美女帥哥雲集的 Party 上，不敢說話、不知如何說話成了他們人際交往的最大死穴。因為，在交際場合上一個沉默寡言的人往往得不到重視和喜歡，試想：誰喜歡和一個不說話則冷冰冰、一說話則語無倫次的人說話呢？人家還以為你在裝什麼酷呢！

當然，在陌生人面前開口說話並且還要抓住對方的興趣是有些困難，但是，**不開口就表示完全沒有成功的機會**，也許，只要勇敢說出第一句話，你與對方的關係會火速升溫呢！誰能知道你們是剛剛才認識的朋友呢？也許你一開口，你的問題就能夠得到幫助，也許你勇敢開口，你就不會與真愛擦身而過！

其實，開口說話並不像想像中的那麼難，我的朋友 Alva 就對這點深有體會。

Alva 是典型的東方少女，在我看來她的古典甚至有些古代的美感。她長相清秀，性格內斂，說話溫柔，不喜歡嘈雜，平時沒事上上網、看看書，還畫了一手好畫，這要是生在古代，完全就是個養尊處優的富家小姐，十指不點陽春水，衣來伸手、飯來張口，整日待在深宅大院中吟詩作對、賞花觀月。

但是，可惜，她生在這樣一個現代化極高的社會，人際交往完全是生活的基礎，這對她這個不喜交際的女孩來說是有點困難。她讀大學時，基本上都是靠同學買午餐，逛街、活動都要有一～三名同學陪伴，除了上課之外基本上是不出門，上課時候也是膽顫心驚，不斷害怕從身邊經過的老師會把目光投向她，叫起來回答問題，弄得自己面紅耳赤，甚至是在校園中也怕遇見不熟識的同學，害怕和他們聊天。

這樣的日子隨著畢業典禮的結束而結束，從此，她必須自己一個人努力，面對著沒人一起陪伴的生活，她變得束手無策、異常擔心。

好在，畢業不久，她就收到了來自心儀公司的面試通知，在她滿心歡喜、精心打扮出門之後，坐了半個小時的捷運，她才發現自己忘記記下面試公司的詳細地址，如果再原路返回必然會耽誤時間，工作機會也就隨之喪失。

無奈之下，她只能打電話向熟悉的朋友詢問路線，但是，沒有人給她回覆，時間一分一秒過去，

22

她深受煎熬，把心一橫，只能詢問路人了。

她走在街上，迎面來了一位摩登女子，Alva 看看自己布滿塵土的鞋子後，不敢發問；又過了一會兒，看到前面有一個清掃垃圾的工作人員，但是，在她猶豫之後，對方早已離開。看著時間慢慢過去，Alva 終於鼓起勇氣向路邊一個路過的上班族問路：

Alva：先生，您知道ＸＸ地方怎麼走嗎？我⋯⋯我好像迷路了⋯⋯

某先生：您是要去ＸＸ吧？那裡離我上班的地方不遠，我們一起走吧！

Alva：這倒不用啦！（女生此時應該保持警惕之心）您告訴我，我自己可以去的，因為我還有一些事情要辦⋯⋯。

某先生：那好吧。

就這樣，Alva 完成了自己人生中第一次主動找陌生人說話的事情，雖然，問完之後發現自己早已雙頰泛紅，但是，居然這麼順利到是出乎了 Alva 的意料之外，她還一直以為陌生人都兇巴巴呢！

Alva 終於勇敢地開了口，自此之後，她開始變得開朗愛說話，連以前經常臉紅的樣子也改變了，後來跟她認識的朋友都不相信 Alva 有過害怕和人說話的經歷，她的健談也讓每一個和她見面的人都讚不絕口。這樣的女孩，又有誰不喜歡呢？

對於 Alva 有這樣的改變真是令我們這幫朋友欣喜，不過，另一個朋友阿武卻讓人更加頭痛！

我們暗地裡一直稱阿武為「絕世情人之終極情種」，因為他喜歡了一個女孩整整七年，依舊不敢勇敢表白，只是看著人家畢業、工作、談戀愛、分手……這樣的守護雖然讓人感動，更讓人氣憤不已。

我們這幫「狐朋狗友」經常對他碎碎唸，不過也經常為他創造機會，但是，每當他心目中的「女神」落座之後，他的行為卻常常不按著我們的「劇本」走。

阿武：貝兒，妳來了？

貝兒：嗯，你也在啊！

阿武：貝兒，妳最近還好吧？

貝兒：挺好的。

阿武：男朋友還好嗎？

貝兒：分手了。

阿武：放心，妳還能找到更好的。我們慶祝一下吧！（人家分手，你表現得也太明顯了吧？）

24

貝兒：沒有什麼值得慶賀的吧!?

如此一來，女神再也不參加我們精心準備的聚會了，她私下跟我說，阿武是不是有病啊？我分手他慶賀什麼啊？我只笑而不答，心中一心罵著阿武的愚笨！就那樣，阿武最終錯過了自己的女神，看著人家走著紅地毯進了教堂，他還信誓旦旦地說：我會守護她一輩子！我暗想，用你現在的勇氣去表白，也許與貝兒走進教堂的人就是你了。

不過，阿武終究是個極端的案例，因為不會說話，而把自己的幸福賠上也太不值得了吧！

其實，面對不敢開口或者是羞於開口的人，勇敢開口說話是有很多妙招的。

第一招：就是勇氣。其實，現實中並不像你內心想的那樣冷酷無情，就像 Alva 問路一樣，只要開了口，那麼一切問題都會迎刃而解，只要瞭解到「開口」的好處，就不怕你不敢說話了！

第二招：觀察。善於觀察對方是進行人際交往的第一步，仔細觀察他們特別的地方或者是感興趣的點，比如，你可以和一個戴著異國風情首飾的人用聊首飾的方式打開話匣子，或者你可以與一個穿著時尚的人聊聊時裝週、限量款。抓住他們喜歡的話題，才能不斷拉近你與對方的距離，這樣談話也肯定是愉快、輕鬆的，在下一次見面時，談話也就能遊刃有餘了。

第三招：講故事。當遇見自己喜歡的人時，很多人往往不知如何打開話題，反覆斟酌還是覺得

說不好，此時，你就可以大顯你的講故事功力。如果是像貝兒一樣失戀的女孩，你可以先講一個男生「始亂終棄」最後不得善終的故事，再講一個好女孩遇上真愛的故事。相信我，講故事會讓你喜歡的對方從傷感中解脫出來，即使僅是陌生人，也會覺得你很有心。

第四招：先當個傾聽者。如果你實在是不會主動去與對方溝通，那麼做一個好的傾聽者也不錯，在適當的時候提出自己的疑問，順利打開話匣子也就不是問題了。

不要再讓「開不了口」成為你人際交往的死穴，趕快來打通你的「開口穴」吧！

3、不要「冷冰冰」，學會聽別人說

A 在公園等待相親中──

A：妳來了！

B：嗯？

A：妳是不是覺得我這個人年齡比較大？

B：我……。

A：其實，我這是成熟！

A：妳是不是覺得我的工作不穩定？

B：我……。

A：放心，為了妳我一定會找個十分穩定的工作，我有這個實力！

B：先生，我只是來問一下現在幾點……。

A：……妳不要要求這麼苛刻嘛！

B：我……。

我們在和別人交流的時候總是容易先入為主，若是想要時時占談話的上風，無形中就會犯了說話的大忌，給人孤傲的感覺。不知不覺，對方就會遠離你。

雖然，人不可有傲氣，但不可無傲骨。但是，孤僻高傲的人，對他人的情感、意見等非常冷漠，這種態度會讓別人無法親近你，是一種非常危險的心態。這種心態將會使你處於一種孤立的環境之中，當你需要別人協助的時候，你就會感覺到它給你帶來的不便和困擾。

Jim 是一個性格很孤傲的人，在公司少言寡語，從來不熱衷大家舉辦的活動，經常讓人感覺難相處、挺掃興的。

週末放假前，部門裡幾個愛玩的人打算舉辦一次郊遊活動。欣怡好心地跟 Jim 說：「Jim，週末大家一起去海邊烤肉吧！」

「我不去，你們自己去吧！」Jim 的回答總是那麼冷冰冰、硬梆梆的，讓人聽了非常不舒服。

「反正你也是一個人在家玩嘛！每天窩在家裡玩電腦不如趁著大好春光出去走走。」欣怡勸說道。

Jim 盯著電腦螢幕，連頭都沒回就直接搖頭：「不去了！」

Jim 說話的態度如此孤傲冷酷，讓熱心的欣怡感覺一盆冷水從頭頂潑下來。從那以後部門裡有什麼活動，大都沒有人通知 Jim，因為 Jim 說話孤傲冷漠，大家也都疏離他。部門有什麼好事，或者有什麼不錯的差事，也幾乎不會想到他。

不同的說話態度會造成不同的局面，孤傲的說話態度和方式會引起別人的反感，會把原本想離你近一些的朋友趕走，讓他們離你遠遠的，而在你真正需要他們的時候，他們卻不願意幫助一個曾經用孤傲的語言傷害過他們的人。所以，我們一定要牢記，不要與孤傲做朋友，因為這個冰冷的朋友會讓你的語言蒼白無力，會破壞你的好形象！

美玲其實特別渴望跟同事、朋友玩在一起，融入他們，但是由於性格所限，她總覺得力不從心。

她為人不幽默，沒辦法活絡氣氛。她並非多才多藝，大家去唱歌時她表現平平，也不喜歡運動。她不太會說話，常常說錯話，因此除了回答別人的問題外，都不會主動開口。這樣的女孩子自然得不到人們的歡心，同事高談闊論的時候往往忽略她，朋友聚會她也經常一個人在角落裡發呆。久而久之，人們都以為美玲性子孤僻，不好相處，也不怎麼喜歡跟她交流。

有一次，午休時部門裡熱切地討論著最近掀起一陣轟動的畫展。這是美玲特別感興趣的，於是她也忍不住加入其中。起先大家都覺得很奇怪，氣氛一時尷尬起來。不過粗神經的美玲自顧自地說得高興，完全沒注意到，直到她說完，才不好意思地對著同事們笑笑。大家這才明白，美玲根本不是孤僻，遇到感興趣的話題，她也是可以很活潑的。

在人和人的語言交流中，僵冷的語言，冷淡的態度，都會讓人對你敬而遠之。所以和別人在一起時，**即便不說話，也要記得微笑。**即便要拒絕，也要記得語調溫和。否則，當別人認定你已跟孤僻成為朋友的時候，他們都會遠離你。

留給別人說話的機會，就能夠和對方的心更加貼近；瞭解的前提是尊重，不要忘記留給別人說話的機會。

4、你很重要！

A、B、C三人在餐廳等D來赴約——

A：D說他不來了，真是的，該來的不來。

B：那我先走了……。

A：我不是說你。

C：那還是我走吧……。

有個小孩子脾氣很不好，經常因為一些小事跟爸爸媽媽發脾氣，當然他這樣做並不是故意的，而是這個小孩子在家裡排行老大，家裡一共有四個兄弟姐妹，弟弟妹妹們都還小，父母似乎把更多

的關愛都給了他們幾個，而做為老大的這個孩子便感覺到自己是多餘的，是不被人重視的。

有一次媽媽買來了幾個玩具，媽媽先讓弟弟妹妹挑選自己喜歡的玩具，剩下的一個才給這個小孩子。他覺得非常委屈，覺得爸爸媽媽不再愛自己了，於是離家出走了。

小孩子的爸爸媽媽非常著急，他們請了很多親戚、朋友幫助尋找，小孩子的媽媽也因為太擔心甚至生病了，她臉色蒼白的樣子讓大家都很擔心，很多人勸她回去休息，可是她根本不聽，依舊拖著生病的身體找自己的孩子。

當她找到孩子的時候，抱著他哇哇大哭，小孩子看到媽媽這個樣子，忽然覺得自己原來在他們心中是很重要的，此時，他開始為自己一時的魯莽行為後悔不已，以後無論怎樣都不再跟父母發脾氣了，因為他知道父母並不是不要自己，自己對他們是很重要的。

這件事告訴我們，別在無意中讓你身邊的人感覺到自己不受你的重視，這樣你會失去他們的心。

要讓別人覺得自己很重要，那他們對你才是真正的重要。因此，在日常生活中我們一定要將這個觀念帶進去，時時告訴我們在乎的人：你很重要。

當年劉備三顧茅廬請諸葛亮出山的時候，大概沒想到此舉會對後世有著舉足輕重的影響。

漢末，天下大亂，曹操坐據朝廷，孫權擁兵東吳。劉備只感覺自己缺乏人才，聽說諸葛亮才能、學識天下無雙，立刻帶著關羽、張飛兩兄弟到隆中請諸葛亮出山。

第一次去的時候諸葛亮並不在家，劉備只好留下禮物失望而回。不久劉備三兄弟又去請諸葛亮出山，那天下著大雪，三人不畏風雪前去臥龍岡，誰知道諸葛亮又不在家中。莽漢張飛可不樂意了，連著來兩次諸葛亮都不在家，這傢伙真沒意思。要知道每次去請諸葛亮都是三兄弟帶著禮物虔誠而來，卻讓他們吃了兩次閉門羹。

張飛待不住了，催著回去。劉備只好留書給諸葛亮，說明自己想要請他出山的意思，表示只有他才能助自己成就大業。後來不久，劉備又要去請諸葛亮。這下關羽也不肯了，心說諸葛亮誰啊，怎麼就有這麼大的架子，讓我大哥鐵了心都要去請回來？張飛也說，乾脆誰也別去，就他自己去，再不來，打量了用繩子一捆看他來不來！說著就要出門上臥龍岡，劉備忙喝止三弟，再次準備好禮物踏上路途。

這次諸葛亮是在家了，不過是在家逍遙地睡大覺。劉備好歹也是漢宗室劉豫州，不敢驚動諸葛亮，居然帶著大家老老實實站到諸葛亮睡到自然醒。

雖然，這裡面沒有劉備和諸葛亮的對話，但是，暗中卻是表現出劉備的誠意以及諸葛亮的重要，

後面事實得到佐證，正是因為如此費勁周折地請這位大才子出山，劉備才得以在後來立穩腳跟，三分天下成就一番霸業。而諸葛亮自從被請出山，一直鞠躬盡瘁死而已，那忠心絕對無與倫比。在後來著名的《出師表》中，他寫道「先帝不以臣卑鄙，猥自枉屈，三顧臣於茅廬之中。」其言中帶著深深的感動和為對自己有知遇之恩的劉備死而後已的決心。

「讓人覺得自己很重要」，就是要用一種非常誠懇的態度，非常堅定的信念，和非常動聽的話語來打動一個人。這樣就是給足了對方面子，讓對方深刻地感受到自己的價值所在，讓對方明白自己對別人是非常有用的，因此會產生一種自豪感，當然也會認為你是他的知己，對你當然也由衷地喜歡了。

「讓人覺得自己很重要」是人與人之間處理好關係的一個重要手段，如果你對別人表達如下思想：你對我來說真的是不可或缺。事情只有你能做，別人不行。

別人一定會這樣想：我對他真的很重要。我的能力原來真的很強。我的位置被他放在了最高位。

這樣一來，你給足了別人尊重和面子，別人自然會還你一個強而有力的「幫助」。當然要做到這一點並非一時之功，當我們需要別人的時候才說盡好話、讓別人覺得自己重要，這等於臨時抱佛腳。我們要在平時就開始認真地對待身邊的朋友、同事，讓他們自然而然地有種被尊重、被重視的感覺。

34

曲文瑞在公司人緣很好，這跟他平時對人尊重的態度分不開。有一件小事讓曲文瑞印象深刻，過年的時候，他們家的保母回家探親，家裡只剩下一個在襁褓中嗷嗷待哺的孩子和一個在輪椅上的老人，他的妻子在外地工作不能經常回家，他的工作又很忙，無法照顧家裡。保母一說要回家，他和妻子都非常為難，過年的時候經常出現保母荒，不但難找，薪資還抬高了不少。

這時曲文瑞公司一位女清潔工幫了忙。清潔工大姐老家在鄉下，嫁到台北已經很多年，為人很熱心。她瞭解曲文瑞家為難的情況之後，把自己在鄉下的大嫂叫了過來，請她去曲文瑞家幫忙做臨時保母，也沒有提高薪資。曲文瑞感激地不斷道謝，心裡也有些好奇，他平時跟這位清潔工大姐接觸並不是很多，她怎麼會如此幫忙？

後來那位大姐去曲文瑞家長輩聊天，曲文瑞才知道緣由。有一次那位大姐的孩子的學校舉辦一次全國性的作文比賽，老師動員班上的孩子都參加。可惜大姐的孩子作文程度並不好，他雖然很想參加，卻怎麼也寫不出讓自己滿意的作品來。大姐是目不識丁的人，在功課上根本無法幫孩子，因此那段時間急得像熱鍋上的螞蟻。

後來大姐去曲文瑞辦公室裡打掃環境，曲文瑞看大姐心神不寧，便關心地問候了幾句，聽大姐說孩子作文的事，曲文瑞一聽自己就是擅長這方面的，便抽空替大姐的孩子找了很多寫作文的資料，又提供了一些新穎的作文思路送給大姐。大姐的孩子根據曲文瑞的資料寫了一篇作文，竟然獲得了全國大賽的二等獎，鮮紅的獲獎證書讓大姐全家高興了很長時間，而且那個孩子從此還愛上了看書、

愛上了寫作。這對曲文瑞來說不過是舉手之勞，而那位大姐卻深深地感到曲文瑞對自己一個清潔工如此尊重、如此關心，非常感動，所以總想著能做些什麼來報答他。

所以說，讓別人感覺自己很重要，別人也會對我們很重要。我們不但要在請求別人幫忙的時候誠懇而虔誠，更要在平時對身邊的人流露出這種態度，讓身邊的人經常有被重視的感覺，我們才能交更多值得的朋友，我們生活、工作的道路才能更加寬闊。

所以，不要再吝嗇這四個字——你很重要！

36

5、忙著否定？先說些恭維話

情景設置

A（職員）、B（老闆）——

A：老闆，您怎麼生出這麼可愛的女兒的？

B：謝謝！

A：我敢肯定長得像她媽媽！

B：……明天你不用來上班了！

現實生活中有很多人，總是會在別人說話的時候提出反對意見，總是沒等別人說完話就硬生生地塞一句：NO。這樣的人，往往沒有好的人際關係，僅剩的也就只是倔強的自尊。

其實，當你想要說服別人，只說出事實不見得就能夠成功，但如果你善於說恭維話，那相對來說就是很容易的事情了。恭維的話人人都會說，可是也有很多人不屑說，有人告訴我：我想要說服別人的時候，當然也會說恭維話，可是人家照樣不領情。無論我說什麼樣的恭維話都無濟於事，這是怎麼回事呢？

恭維話人人都會說，可不見得人人都說得好。如何說恭維話，如何把恭維話說進人的心坎上，是能否說服人的關鍵。有些時候恭維的話說出來好像在故意拍別人馬屁似的，很多人以為自己在恭維別人，其實人家聽了並不舒服。所以說，掌握好一門說恭維話的本事，對我們的工作是非常有好處的。

據說達爾文曾經被邀請赴宴，宴會開始以後，他發現自己的座位正好挨著一位年輕漂亮的女士。那位女士一看身邊的人竟然是大名鼎鼎的達爾文，不自覺帶著戲謔的口氣調侃道：「達爾文先生，您是位大科學家，聽說你曾斷言人類是猴子變的，那麼我也是在你的論斷之中嗎？」

達爾文並沒有因為這位女士不善的口氣生氣，而是彬彬有禮地說：「這個當然，不過您不是由普通的猴子進化而來的，您是由長相非常漂亮的猴子進化而來的。」

有個笑話也說過，某人特別會說恭維話，他的名聲非常大，甚至連閻王爺都知道他是一個很會說恭維話的人，後來這個人去世了，見到了閻王爺，閻王爺不屑地看著他道：「你為什麼總是對別

人說恭維話？你知道你這樣的人非常討厭嗎？我最恨你這樣的人！」

那個會說恭維話的人馬上磕頭，回答道：「因為世間的人都喜歡聽恭維話，所以我才不得不說恭維話，才好辦事。但是我知道，閻王爺您老人家一向公正嚴明，明察秋毫，誰又敢在您面前說什麼恭維話呢？」

閻王爺聽罷笑了，連連說：「是呀是呀，諒你也不敢！」

誠然，人人都愛聽恭維話，一句恰當的恭維話能讓一個跟你並不太熟，甚至對你有些偏見的人都能笑逐顏開，對你另眼相待。恭維話如同一塊敲門磚，能夠顯示它巨大的力量。有時候我們求人辦事非常難，一旦對方不接受自己的請求或者不同意自己的說法，那場面勢必非常難看，氣氛也會變得很尷尬。而我們用幾句恭維話來做開場白，那結果很可能就不一樣了。

Cady 是一位家用小電器的推銷員，他的工作就是到每戶人家家中向對方推銷小電器，他手中的小電器有電動打蛋器、蒸蛋器、豆漿機、電子咖啡壺等等，他的工作並不是很好做，因為很多人對上門推銷的人都有一種疏離感，對他們並不是十分信任。但是 Cady 的生意一直都很不錯，因為他總是用恭維話打開推銷的開端。

有一次他敲了一戶人家的大門，開門的是一個中年婦女，Cady 第一句話就是說：「小姐，請問

您是這家的主人嗎？」那位將近四十的中年婦女聽到別人叫自己小姐，頓時心裡很舒服，說：「我是，你有什麼事嗎？」

Cady 說自己是一位電器推銷員，那位婦女卻搖了搖頭道：「我們家並不需要那些小東西，我不會買的。」

Cady 忙道：「您家的花園真漂亮，小姐，我走了很多路，您能讓我在您的花園裡坐一下休息一會兒，給我一杯水喝嗎？」

中年婦女沒有拒絕，轉身去廚房端來了熱茶給 Cady。Cady 邊喝茶邊道：「小姐，您的皮膚真好，平時一定非常注意保養吧？」

中年婦女笑了：「我哪裡還是什麼小姐呢，我都已經三十八歲了！」

Cady 驚訝道：「不可能，您看起來最多也就是二十七、八歲。那您一定非常注重保養，請您告訴我，您怎麼把皮膚保養得這麼好呀！」

中年婦女笑道：「我也沒什麼特別的保養，就是平時愛喝湯、愛喝水。每天早上都會喝牛奶或豆漿。」

Cady 道：「怪不得您保養得這麼好，我知道豆漿中含有對女性非常有利的天然雌激素，非常有利於女性的健康。不過我知道有時候人們煮豆漿的時候不容易掌握火候，有時候豆漿沒煮熟了就喝，

40

這樣對身體是很不好的。」

中年婦女點頭道：「是呀，有時候豆漿煮過頭了還會經常溢出來。唉，你們賣家電的也賣豆漿機是嗎？豆漿機做豆漿會不會更容易些？」

話題很容易就被 Cady 打開了，他順利地在這個中年婦女的家裡賣出了一台豆漿機、一台小型蒸蛋器和一個電動打蛋器。Cady 用女性比較喜歡的一種恭維話輕易打開了談話的局面，又在接下來的談論中始終隱約地強調對對方的恭維，讓對方對自己的隔閡感徹底消失，在談話進行到一定階段的時候，對方竟然主動跟 Cady 諮詢那些「應該非常有用」的小電器。

Cady 的例子告訴我們，適當地說一些恭維話，並不是說我們在刻意拍馬屁，而是這些恭維話能夠幫助我們順利打開局面，更順利地把談話進行下去。想想看，當別人用一種愉悅、羨慕、驚訝、嫉妒等表情對我們說著一些恭維話的時候，我們第一反應就是開心，然後會對說話的人不由自主地產生好感，當然也願意跟他多說一些什麼，而往往在這個時候，我們就已經掌握了談話主動權的機會。

想要說服別人的時候，我們會遇到很多困難，也許對方打從心裡根本不同意我們的意見。這時候千萬別著急，別忙著否定什麼，多說一些恭維話，看看對方的反應。一般來說聽到別人說自己好，

人們總會在心情上有所放鬆，然後我們把恭維話繼續說下去，好言好語地勸別人，自然比開門見山橫衝直撞地說話效果要好得多。

有人會說，恭維人就是拍馬屁，無論你怎麼解釋，你說恭維話擺明了都是求人辦事才說的，所以這種行為是讓人不屑的。尤其是當你對別人說恭維話的時候，如果別人依然不聽你的，那多丟臉啊！事實上，這就要求我們使用恭維話有一個合適的範圍，有一個正確的態度，也要有一種平和的心情。恭維話用得恰當，用得得體，有時候比長槍短砲都更具有威力。

有時候我們在工作中會遇到這樣的情況，上司、老闆或者一些同事似乎總是對我們有意見，無論我們說什麼、做什麼都好像是錯了似的，總是受到批評。很多人就把這種情況歸結為「沒有緣分」、「不對眼」，反正關係也不好，將就著過吧！但是如果我們想要多緩和一下他們的關係，不妨在合適的場合尋找一個合適的話題，順著這個話題跟對方多說一些恭維話，比如誇獎他們的技術一流、經驗豐富，或者讚頌他們愛民如子、為民請命，剛開始的時候人家也許臉色依舊不是太好，但你一定要堅持，找機會多說一些恭維話，我們總有機會可以打破障礙，說服別人，緩和氣氛的。

所以我們說話、辦事時，不妨多用一些說話的技巧，多多恭維別人的優點，讓聽的人心裡頭像吃了蜜一樣甜，那我們自然會更容易地被別人接受，我們就有機會跟對方交流更多。平時我們可以盡量培養一下自己說話的習慣，有意無意地恭維別人，時間長了你會發現，原來很多看起來很難辦的事情，竟然能夠輕鬆過關，而有時候這只不過是我們說話的力量使然罷了！

6、練習說「好啊」！

情景設置

A、B 聊天──

A：婚姻生活怎麼樣？

B：不好！

A：妳老公對妳怎麼樣？

B：不好！

A：那妳離開他吧？

B：不好！

A：……。

也許你根本不喜歡說「好啊」，因為一旦說出這兩個字，就意味著你會承擔什麼責任，或者會對別人的什麼意見表示贊同。也許原本你該下班了，而同事因為有急事想要讓你幫忙去列印一些資料，你又想要趕回家吃熱呼呼的飯菜，面對同事的請求，你該怎麼辦呢？

那時候你或許會想：別煩我，我可不想因為幫你而耽誤我的時間。你不想被他人拖累，不想做不屬於自己的事情，於是你眉頭一皺，臉色變得很不自然，然後你用各種理由來推辭請你幫忙的同事，轉身走人。

擺脫了同事的糾纏，你心裡會得意洋洋地想：想讓我答應你的請求，門兒都沒有。你要做的工作你自己去做，我能把自己的工作做好就不錯了。以後這麼麻煩的事情千萬不要來找我，我要是答應了你的要求，還得陪你加班多做好幾個鐘頭，你又不會發薪水給我！要我答應你，去分擔你的責任，我才不會那麼傻呢！

所以很多人不喜歡說「好啊」，遇到同事請求援助，總是會找各式各樣的理由來推託：「不行，我要趕去接小孩。」「不好意思，我老婆打電話催我呢！」「我也趕時間呢，晚上我有約會！」「真是太不湊巧了，今天我得趕緊回家修理電器。」這些推託的話顯然都有足夠的理由，而對你的同事來說，它們遠遠不如「好啊」這兩個字來得有用。

可是反過來想一想，如果遇到困難的是你，你必須找別人幫助才能完成工作該怎麼辦？你去拜

44

託你的同事，他卻對你的話絲毫不動心，冷冰冰地找藉口拒絕你，然後自己回去，你心裡是不是會很不是滋味？你會不會覺得拒絕你的同事很討厭、很無情？你會不會決定以後都不再搭理他？

當然我並不是教你什麼事情都答應給別人幫忙，甚至委曲求全或者甘願被人驅使。而是很多事情我們稍稍利用些時間和心思是可以做到的，為別人幫一點小小的忙可能會浪費我們的一點時間，但是善意的幫忙卻會把同事變成朋友，拉近人與人之間的距離，也為自己留下更多機會。

易地而處，在別人請求你幫忙的時候說一句「好啊」，你將來也會收獲「好啊」！請求你幫忙的時候說一句「不行」，你將來也會得到一句「不行」；在別人

朱小梅在辦公室裡不過是一個小角色，每天早上到公司都要負責打掃環境、收發郵件、為上司沖杯咖啡，甚至是幫別人出去買東西這些瑣碎的事情。

在辦公室裡，同事們最常說的話就是：「小梅，麻煩妳幫我沖三杯咖啡給客戶！」「小梅，我有個郵件到收發室了，麻煩妳幫我取回來好嗎？」「小梅，今天的會議紀錄要列印出來交給經理，麻煩妳幫我一下。」「小梅，老闆要我們送資料過去，我現在走不開，還是妳去吧！」

無論是什麼樣的請求，朱小梅都會笑答「好啊」，然後快速趕過去幫忙。無論是不是她的職責範圍，只要別人要求她，她總會欣然應允下來。

而小梅請假的那幾天，整個辦公室就好像亂了套一樣。人們習慣性地把一些不願意去做的雜事

想要交給朱小梅去做，不經意地就開口叫她幫忙，結果找不到人，大家都弄得手腳忙亂，開始無比

想念朱小梅了。而在平時，她在辦公室裡只不過是一個微小的像鏍絲一樣的小人物，現在大家才覺

得缺了這根鏍絲是不行的。

因為朱小梅的「好啊」，使得她在辦公室裡贏得了良好的口碑。這也給她帶來了不小的收穫，

長久以來，連經理都習慣性地叫小梅幫忙，當公司有機會提拔新人的時候，雖然朱小梅並不是新人，

也被大家共同推薦成為了經理秘書，之前她已經整整做了一年辦公室內勤。

一句「好啊」出口，代表的是你熱情的態度，代表了你對某件事的高度贊同，你或許因此付出

更多的時間和精力，卻也能得惠於這個簡單的詞語「好啊」！

有些人說，我以前不習慣這麼說，所以別人感覺我總是像把人拒於千里之外似的，如果我想要

重新調整自己在他人心中的形象，我該怎麼辦呢？

很容易，那就是從現在開始說「好啊！」在別人請求你幫忙的時候，如果你真的可以去幫忙，

那麼千萬別因為怕耽誤自己的私人時間，或者嫌麻煩而不去幫忙，盡量地微笑，然後爽快地答應他。

如果別人提議做什麼事情，而你也不覺得有什麼不好的時候，也要盡量地微笑，對別人說「好啊」！

46

一次、兩次「好啊」，也許還展現不出什麼，嘗試多說幾次「好啊」，別人一定會感到你的變化，也一定會因為你的變化而喜歡你、尊敬你！當你遇到困難的時候，別人也會對你的請求說「好啊」！

有位名人曾經說過：最好的滿足就是給別人滿足。

我認識一位私立醫院的院長，他在年輕的時候曾經是一家大醫院的醫生。那個時候很多醫生都「以藥養醫」，給病人開出很多檢查項目，並開很多昂貴的藥物來提高自己的收入。那位年輕的醫生也曾經這樣做過，所以他每月都有很不錯的收入。有很多病人並不富裕，他們拿著繁多的檢查單和藥費單愁眉苦臉地對他說：「醫生，我家裡沒有多少錢，您能不能給我開一些便宜點的藥物呢？」

那時候的他會對病人說：「便宜的藥物療效不好，給你開的進口藥物藥效非常快速。你想想，如果療效不好的便宜藥怎麼吃也治不好，是不是比療效好的藥物很快治好要省錢？」這時候的病人很無奈地同意了醫生的話，當他們買到昂貴的藥物同時，醫生的收入也水漲船高。

後來有一件事讓這位年輕的醫生徹底改變了，他一個病人從鄉下趕來，拿著昂貴的藥費顫抖道：「醫生，我想問一下，我是不是患了絕症？如果治不好，那就不吃藥了！之前孩子爸爸治療癌症讓孩子們欠了好多債，我不想再給孩子們增加負擔了！」

年輕的醫生怔了很久，緩緩開口道：「好啊！」於是提筆替病人開了較便宜的藥單，而這個病

人不過是發炎症狀之類的小毛病而已。從此以後這個年輕的醫生面對病人的要求都會說「好啊！」

當然他失去了很多收入，有一段時間甚至因為為病人開這些便宜的「良心藥單」而讓自己入不敷出。

可是後來愈來愈多的病人信任他，口耳相傳，很多人大老遠趕來指名要找他看病。他的名字被愈來愈多的病人傳誦，在病人們的心裡，將他擺在了最高的位置。正因為病人的信任，他後來自己開了一家民營醫院，當了院長。

「追求為別人謀福利，其實也在為自己謀福利。」有位名人說過這樣的話，是說我們要多對別人說「好啊」，多為別人著想，多幫助他人，自己將來也會受到別人的幫助。也許我們一直以來都不喜歡說這兩個字，但是我們從現在開始，要多練習說這兩個字：「好啊！」

請記住：「好啊」是你練好說話之道的第一步。

48

第二篇

請這麼說廢話

1、讓「聽說」成爲最好的開場白

A搬入新社區，與路人B間聊中——

A：聽鄰居說×××老公和她離婚了？

A：聽說，那個男的找小三，被發現了。

A：聽說，她當場就暈了！

A：妳聽說沒有？

B：沒有……。

A：這麼大的事妳都不知道？

B：因爲我就是×××，妳說的這些我還沒聽說！

A：……。

似乎在每一個人的眼中，常常說「聽說」二字的人總有那麼些八卦的色彩，就像是古裝劇中討人厭的老太婆，到處用「聽說」議論別人的是非，搞壞人家的夫妻和兄弟關係，以致勞燕分飛、兄弟反目。

這種愛八婆的人總是讓我們恨得牙癢癢，但是，我們每個人卻都在某時某刻充當過這樣的角色，我們喜歡聽別人說聽說來的故事，也願意分享那些我們聽來的勁爆消息，不過，一切都要以道德標準做為底線。

雖然「聽說」二字聽起來總是讓人有幾分反感，甚至還有幾分無關緊要、只能當作廢話聽的嫌疑，不過常說「聽說」確實能在日常交際上讓你獲得良多，它就像是一塊敲門磚，能夠輕而易地打開對方的心扉，讓別人說出那些你想得到的資訊。

當然，並不是隨便說些話就能讓對方鬆懈神經，「聽說」的使用也是有一定的技巧，正像有此一說：廢話往往是人際交往的第一步。而會說「聽說」的人往往能更容易地邁出這一步。

坤哲是一個小社區的警衛，與其他人無異，每天守著整個小社區住戶的進進出出，但是，讓很多新來的警衛都很詫異的是：他好像十分受到住戶們的喜歡，每次出門、進門的人都會主動跟他打招呼，人家有做什麼好吃的菜都會送給他一些。甚至，在過新年的時候還有人主動給他紅包、邀請

他去家中吃年夜飯。

其他的警衛們都對這個現象很疑惑，難道是坤哲有什麼其他的關係？或者，有什麼妙招？雖然，他們請了坤哲吃飯好幾次，但是，每次提到這個話題坤哲只是笑而不語。

不過，這樣的秘密總會被人知道，原來坤哲並不是有著什麼樣的特別背景，他唯一的方法就是懂得與住戶們交流，而這個交流每次都是用「聽說」開頭的。比如三樓三〇一的趙伯伯前幾日傷了腿，每天都要去路口的中醫館治療，坤哲就會跟趙伯伯說：「趙伯，聽說您的家人最近很忙沒時間陪您看病，以後您每天找我，我扶您去！」其實，趙伯伯孤身一人，兒子、女兒根本沒有人來看他。

再比如說，四樓的王太太，做了多年的家庭主婦，長年帶著孩子去上舞蹈班，終於將孩子培養成了一個舞技高超的冠軍，坤哲每次見了王太太就會說：「王太太，聽說您培養出了個舞蹈冠軍，表演拿了大獎，什麼時候您也替我上上育兒經啊！」

就是因為這樣，坤哲漸漸地和很多住戶都建立了很好的關係，大家也都特別喜歡跟他說話，而其他住戶也都知道，原來警衛中有坤哲這麼一個人物，每次經過警衛室也都會客氣地說一聲：「坤哲，你好！」

是的，坤哲成功地用「聽說」的功力打開了小社區居民的心扉，讓他儼然成為了小社區的交際

之星。不過，並不是所有人都這麼幸運，因為凡事當站的角度不同時，結果也就會截然相反！

Ada 是一個全職太太，每天除了送孩子上學、整理家務、做飯洗衣倒也沒什麼工作可做，所以她唯一開心的就是每天在樓下涼亭和其他太太們的閒聊時間。不過，Ada 有個毛病，就是不喜歡像其他太太一樣聊寵物、聊減肥，她更喜歡聊別人家的八卦。

這一日，她聽到樓上一家夫婦在吵架，好像還摔了東西，所以，下午一到就趕緊下樓去跟其他太太聊天。她一走進涼亭，發現新來了一位太太，她看對方穿的貴氣，就湊過去和人家說：「妳也住這棟大樓啊，今天四〇一的太太說她們隔壁的夫妻倆打起來了……妳不知道，她在家裡聽了都怪嚇人的，肯定是那家男人出軌了……現在的小三，真壞心啊！」還沒等 Ada 說完，那位太太就板著臉走了，還憤憤地說：「我怎麼沒聽說，誰造謠……」

旁邊的李太太看著不解的 Ada 說：「妳說什麼不好，偏愛說人家的家事，看，踢到鐵板了吧？她就是四〇一隔壁的住戶，新搬來的……」

Ada 看著那個憤怒的背影感到十分丟臉，趕緊上了樓，她不知道該不該去和那位太太道歉。後來，Ada 變得愈來愈寡言，也不去涼亭說人長短了。

Ada 因為愛說人長短飽嚐了自責與愧疚的痛苦，後來，她再也不信「聽說」來的東西了，因為

她開始明白，謠言的傷害之大是她無法控制的。不過，她後來還是很愛說聽來的故事，因為那些都是別人光鮮的故事，說出來大家都會開心，也就沒有隔閡的產生。

確實，只要心存善念，即使是有些爭議的「聽說」也成了溫暖人心的語言——「聽說你失戀了，還好吧」、「聽說你的狗狗去世了，我感到十分抱歉」、「聽說你最近在找工作，有什麼困難跟我說」……等等。

其實，說話之道的外衣之下，是要一個人擁有最真摯的情感和高尚的品德，總是搬弄是非的人逞的只是一時的口舌之快，並不能留下好印象給別人，即使能說得天花亂墜也無濟於事，這種話才是真正的廢話。而用善意的「聽說」開頭，既給了人家一個美麗的光環，又能在一定程度上幫助別人，又有什麼壞處呢？不受大家喜歡才怪呢！

所以，如果你也喜歡「聽說」，那就讓它幫你去打開對方的心扉吧！不過，這一切都要先從好的方面開始。

2、看似無用的場面話

情景設置

A、B 參加 C 的婚禮——

A：C，你婚禮不錯啊，辦的真溫馨。

C：謝謝，謝謝。

B：是挺溫馨的，場面小看了就溫馨。

A、C……。

B 之所以弄得全場很尷尬，完全就是吃了不會說場面話的虧，試想有誰喜歡別人在自己的婚禮上控訴場面太小呢？這完全就是對人家婚禮的不尊重。所以，同理，想要得到別人的喜歡，另一個

說話之道就是懂得說「場面話」。

什麼是場面話？場面話很重要嗎？

當然，能夠稱得上場面的地方都會有一些身分地位比較高的人出現，或者是喜慶的事情出現，場面上說的話和平時我們大刺刺說的生活話是有差別的，場面話能夠幫助我們樹立良好的形象，對我們非常重要，所以我們千萬不要小覷場面話。

不同的場合說不同的場面話，非常考驗一個人的說話水準，這也是一個人處世能力的一種表現。

有時候場面中充滿了機遇，會說場面話的人，就是那種能夠抓住機遇的人。會說場面話的人往往能夠在場合中展現自己的說話能力，讓他人覺得你是一個會說話、會辦事的人，增強他人對你的好感。

而不會說場面話的人，遇到場面總是張口結舌，不知道該如何是好，會被人恥笑的。如果這時候上司恰好在身邊，你張口結舌、面紅耳赤的樣子就會深深印刻在他的腦海裡，以後對你會不會有好印象可難說了。

會說話是一種很重要的能力，會說場面話更是一種不可多得的能力。很多人要求自己的妻子能夠「上得廳堂，下得廚房」，殊不知這個社會要求我們能夠「說得圓滿，說得漂亮」！

有一個笑話很能說明不會說場面話的人是有多麼尷尬。

有個人不太會說話的人去參加別人的婚禮，他的家人知道他不會說場面話，只要一說話就會讓

58

人跌破眼鏡，破壞氣氛，所以特地叮囑他在婚禮上的時候千萬不要亂說話以免尷尬。於是這個人在

婚禮酒宴上小心翼翼，一句話也不肯多說，正當家人放下心來的時候，主持人卻提議讓大家共同舉

杯祝福新郎新娘幸福，於是每個人都要說一句祝福的話。當輪到他說祝賀詞時，他高興地端起杯子

說道：「讓我們同歸於盡吧！」

新郎新娘頓時滿臉黑線，尷尬地敬酒之後就匆忙離開。這個不太會說話的人被家人數落一頓，

要他把嘴巴閉緊一點，別再說什麼不吉利的話了。當婚禮快結束的時候這個人實在憋不住了，說道：

「我已經沒說話了，將來他倆要是過不好鬧離婚可不能賴我！」

這雖然是個笑話，但也從一方面說明，我們一定要學會說一些合適的場面話。我們都以為，場

面話不過就是帶著奉承意味、好聽的話，說來說去還不就是那麼幾句吉祥如意的話，怪虛偽的。但

是我們要明白這一點，適時說一些合適的場面話可以緩和場合中尷尬的氣氛，讓說話的雙方都覺得

輕鬆愉悅。會說話的人讓別人覺得你人好接觸、好說話，你說的場面話幫你樹立了良好的形象，那

麼對方自然對你也會有一個好的態度。

說話不是生產力，但是會說話可以促進生產力。無論是工作上還是生活中，我們都會遇到各式

各樣的問題。我們要面對威嚴的上司、親切的長輩、陌生的朋友，甚至一些身分地位都很尊貴的客

人。這時候就需要我們在各種不同的場面上，用一些場面話來壓場子，巧妙的場面話能讓氣氛變得

輕鬆愉悅，讓你受到歡迎和重視。因為合適的場面話會替你樹立一個良好的形象，讓別人留下美好

的印象，以後你說話、辦事自然會方便很多。

有很多人認為，說場面話實在太肉麻了，假惺惺的說幾句漂亮話多不好意思啊！說不定人家還會覺得你這個人虛偽、說話不可靠呢！這樣的理解其實是錯誤的，場面話並不等同於拍馬屁的話，不會因為對某人的特殊奉承而讓我們的面子上掛不住。合適的場面話其實正是對在場客人的尊敬和重視，聯絡人與人之間的感情，也能讓現場的氣氛變得輕鬆而愉快。

Case A

Ben 在公司年度聯歡會上負責聯絡工作，主要照顧各位上司主管。這次聯歡會不但有公司高層主管出席，更邀請了很多同行業的專業人士，所以 Ben 需要在這種場面上面對不同的人說不同的場面話。

面對公司高層主管分身乏術、不能照顧邀請嘉賓的情況下，Ben 便代替上司跟大家說：「各位百忙之中蒞臨指導，我代表公司和全體人員表示熱烈歡迎。今天的聯歡會既是為了感謝一年來各位對我們的關懷和照顧，也是為了讓大家有更多的機會聯絡一下感情。在新的一年中，我們還要仰仗各位同行專業人士的大力支持，沒有你們的支持和幫助，就沒有我們公司今天的成績！你們的支持是我們繼續前進的最好保障！」

一席話讓趕來參加聯歡會的很多人感覺到自己是人家邀請的貴賓，是非常重要的角色，心裡自

60

然舒暢了很多。

Ben 對一位同行業專業人士說：「劉總，能在聯歡會上見到您真是太好了！我知道您是大忙人，您真是太給我們孫總面子了！這一年裡您給了我們公司很多寶貴的指導意見，我們在工作中才能這麼順利，我們全公司員工都對您非常感謝！您是我們的貴賓，我代表全體員工在新的一年裡祝福您事事如意、步步高升啊！」

聯歡會結束後，Ben 讓很多人都留下了深刻的印象，他對不同的人說不同的場面話，聽話的人既不覺得是在聽奉承話又覺得很舒服、很開心，於是很多人都覺得 Ben 是一個有能力會辦事的人。

做為上司，在大場合說合適的場面話能夠保持身分，維持自己的威信和面子；做為員工，在場面上說合適的場面話也會讓人覺得你這人會說話、會辦事，幫助你樹立良好的形象。會說一些場面話，掌握一些場面話的技巧，能讓自己在場面上遊刃有餘、八面玲瓏，何樂而不為呢？

如果不會說場面話，那將是什麼樣後果我們也許能想像出來。Lee 在公司是一個技術員，這個人性格直率，是一個典型的直腸子人，說話、辦事不會看人，跟誰說話都是直來直往那一套，有時候會讓人很不舒服。

有一次開會討論工作方法，主管提出的工作方法並不是很好，雖然技術層面沒問題，卻會讓工作進度變慢，主管自己並沒有意識到這一點，依然滔滔不絕地講話。其他人都沒有出聲打斷主管的講話，Lee 卻愈聽愈覺得不好，立刻站起來道：「主管，你這樣安排工作是不對的！你這樣的方法會讓工作進度比平時低百分之十，一天低百分之十看不出來效果，但三五天以後我們的進度就會比別人慢很多，難道你沒看出來嗎？我們在技術層面上可以考慮其他的方法，但工作進度卻是不能耽誤的！」

這話說出來，讓整個會場變得鴉雀無聲，大家都尷尬地待在那裡不知道該如何說話，現場氣氛幾乎凝滯了。主管沒料到一個小科員會這麼直接地指出他工作計畫的問題，頓時滿臉通紅，臉上非常不自然，他皺了皺眉頭，強忍著怒火道：「那好，那我們來聽聽 Lee 的意見，如果 Lee 說得對，我們就按 Lee 的方式來辦！」

Lee 一時間也沒準備好完善的計畫，他只是講了講幾個自己的意見，主管聽完之後便道：「我還以為你有什麼更完善的方式，原來也不過如此。」

從那以後，主管很長時間都不願意跟 Lee 說話。有時候 Lee 去彙報工作進展情況，主管不是讓他等很長時間，就是針對他提出很多工作問題，和他一起工作的時候即使對別人有說有笑，對 Lee 卻愛理不理的。Lee 也感覺跟主管的關係很為難了，經別人指點才反思自己那種不顧場面的說話方式是多麼不合適。

無論結婚、開會、酒宴等等場合，我們應該說一些合適的場面話。合適的場面話既能夠調節場面氣氛，又能拉近說話人彼此間的距離，幫助我們樹立良好的形象。所以我們在場面上說話千萬別害羞，要記住誰都愛聽好聽話，誰都愛被奉承，掌握好說話的尺度，在適當的場合中說合適的場面話，是非常有必要的！

3、「掏心掏肺」，Neber Get Out！

情景設置

A（女婿）、B（丈母娘）——

A：媽，您看！給您買的保養品，保證您喜歡！

B：謝謝，謝謝……怎麼又買了，這張老臉怎麼用也不行啦！

A：誰說的，我媽看上去頂多三十多歲，用了以後，肯定更年輕！

B：哈哈！老伴，怎麼還不做飯，女婿都餓了啦！

都說媳婦和婆婆的關係難搞，各大導演不惜重本把婆婆媳婦的故事搬上螢幕就可見重視程度，不過，相對於兩個女人來說，女婿和丈母娘的關係也並不是那麼容易。有人甚至調侃說：男人能不

64

能跟心儀的女人走上幸福的生活全憑的是丈母娘，丈母娘讓你三更死你都不敢活到五更去！當然，這樣的說法似乎妖魔化了丈母娘，不過這種說法也透露出丈母娘對女兒女婿婚姻的重要作用。所以男人們，想要娶到漂亮老婆，還要先學會哄好丈母娘。

哄丈母娘的學問可大了，可以買東西給錢，可以帶著旅遊，甚至可以幫著買房子……不過，也許你會不信，因為有時候千斤重的禮品，也抵不上一句溫情暖心的話。畢竟丈母娘也只是個女人，是個母親，她對你的百般刁難，也只是想要自己的女兒過著幸福的生活。

不過，有時候男人卻不明白這一點。

阿易是一家公司的老闆，住著別墅、開著豪車，做人彬彬有禮，辦事雷厲風行，很多員工都把他當作學習的榜樣，尤其他的家庭和諧，將上上下下都照顧得十分好。不過，別看阿易這樣完美，其實，這樣一個處處完美的男人卻曾經有一個致命的缺點，那就是嘴笨——搞不定丈母娘。

十年前，阿易只是一個剛畢業的窮學生，沒有錢、沒有關係，只有一個陪在他身邊堅信著他能成功的貼心女友，正當阿易工作稍微穩定下來，小倆口想要談婚論嫁時，準丈母娘跳出來極力反對：「你現在沒有錢，沒有任何關係，工作也不穩定，你憑什麼娶我女兒？難道是憑著天空掉大餅給你吃？笑話！」

年輕氣盛的阿易也不甘示弱：「我有一個不變的真心，我永遠愛她，錢與我們的愛情比起來也

未免太庸俗了！」

準丈母娘看到阿易頂嘴，非常生氣地說：「愛？愛能當飯吃？你有愛就能給我女兒幸福了？」

阿易當時簡直氣炸了，不顧女友的阻攔，毅然摔門而去！不久，女友就嫁了一個有錢、有關係的男人。

不過，阿易並沒有讓自己墮落下去，從此他開始努力工作，不斷提升自己，五年後，他終於升為了經理，慢慢地在工作中也獲得了新的愛情。可是，問題來了，因為阿易又要去見準丈母娘了！

其實，經過五年的時間，阿易也曾反省過當時那一怒摔門而出的事情，如果當時自己能夠體諒一下一位母親全心為了自己女兒的愛心，也許就不會那麼衝動了。所以，在這次見準丈母娘之前，他暗自給自己打氣，不管準丈母娘說什麼，一定要謙遜、恭敬。

他隨著女友來到了準丈母娘家，準丈母娘來來回回、上上下下打量了他好幾圈，張口說：「我能看出來，你事業有成，可是，有錢也不一定就好。你說，我的女兒跟你在一起會幸福嗎？你會全心對她好嗎？你敢保證你不會背叛她……」

阿易很不解，以前我沒有錢，準丈母娘怕我虧待女兒，現在我有錢，也是錯？不過，阿易知道，這不過是一個母親對孩子的愛，所以，他微笑道：「阿姨，我明白您的心情，含辛茹苦養大的女兒身上都是您的愛，我是一個有責任心的男人，我與您女兒也經歷了一番風雨才確定了對方是想要尋

找的人，現在，請您讓我將您這份愛延續下去，而且，我也會和您的女兒一起愛您⋯⋯」一番話下來，阿易和準丈母娘的臉上已滿是淚水，不久，阿易就結婚了。現在，他們生活很幸福，丈母娘逢人便說：「阿易真是個好女婿，沒有選錯人啊！」

十年前的阿易，更多的是年輕氣盛，所以在說話上最容不得打壓和弱勢的境地，尤其還是在面對準丈母娘這樣比較難處理的情形，所以方寸大亂，最終錯過了一段姻緣。不過，十年後，阿易瞭解了更多的人情世故，也明白了準丈母娘的內心世界，所以，說起話來更能打動準丈母娘，美好姻緣也就可以把握住了。

其實，面對丈母娘的堅固防守，你買多少補品、送多少錢都是無濟於事的。最重要也是最簡單的方法就是——掏心掏肺地對她，對她提出的問題，一定要站在她的立場回答，一定要把內心世界的話都講出來，不要去頂撞她的質疑。她只是一個愛女兒很深的母親，所以，一定要用溫情的語言去打動她，如果你能做到這些，那麼搞定丈母娘也就不是難題了。試想，這樣彬彬有禮又有責任感的女婿，哪個丈母娘不愛呢？

4、用積極的話語鼓舞人心

情景設置

A（窮人）、B、C（富人）——

B：哦，A，你真是太善良了，還送土產給我。

A：謝謝，我家還有很多，下次多送點給你！

B：哦，C，你真是太富有了，太慈善了。

C：……你想說什麼？

B：你不是應該送點什麼給我嗎？

意義積極的話能夠鼓舞人心，當然，這種鼓勵是有雙面作用，因為，一方面能激勵別人，另一

68

方面，也能讓別人心甘情願為自己做事。所以，積極的話要常說、多說。

妹妹無論在上大學還是上班的時候，只要一遇到寫作文、公文之類的功課就頭痛，她覺得寫東西是天底下最難的事情。這個時候她總會打電話給我，她會這樣說：「妳的書我同學們都搶著看呢！都說妳寫得特別好，還要我找妳要簽名樣書呢！我知道妳的樣書早發完了，所以我請他們自己買書去看，這下子妳的書一定賣得更好了！」

「是嗎？哈哈！」

「唉，所以我說老天真不公平，同樣是一個媽生出來的，怎麼妳會寫東西我就不會呢？妳知道啦，讓我寫作文還不如殺了我呢！我真是比不上妳！妳看，我連個演講稿都寫不出來！」

妹妹長呼短嘆，卻說得我得意洋洋，心胸舒暢。我馬上把胸脯一拍：「什麼樣的演講稿？我幫妳！」

「好啊好啊，就是……」妹妹說完就掛了電話。

我欣然點頭，打開電腦，深深吸了一口氣，從胸中竭力搜索可用之詞句，力求寫出一篇熱情洋溢，讓人熱血沸騰的演講稿。辛苦幾個小時之後，得意洋洋地打電話跟她說稿子寫好了。聽到她竊喜的語氣，我不由得一怔……我原來只打算幫她找點資料的，沒想到讓她拍一頓「馬屁」之後，竟然

替她寫了個全稿。

積極的態度可以讓我們順利度過困難，積極的語言也可以幫助我們打動對方，讓對方樂於奉獻。

我身邊很多人都經歷過被人誇讚後，便為人家勤勉辦事的例子，彷彿因為對方一席好聽的話，自己的身分、地位、價值都提高了不少似的，為了向對方證明自己的能力，我們往往會不由自主地竭盡所能去幫助對方，毫無怨言地奉獻。

我的一個朋友是一位駕訓班的教練，他帶了很多學生，有一次碰到了一個非常會說話的學生，雖然這位同學車感並不是很好，甚至可以說是一個典型的車盲加路癡，可是她卻讓教練把自己當作重點培養對象一樣，一點一滴耐心地教她。我那位教練朋友說，每到這個同學上車，總是甜甜地先問好，笑臉迎人的樣子讓自己很舒服。她非常會說話，很多時候聽她說話，都會有一種保護慾望，自己也變得更加耐心，感覺如果不好好教她自己都覺得不對似的。

她是這樣說的：「教練，我非常佩服你們這些會開車的人，我覺得你這樣的資深司機特別有本事，隨便看一眼就知道車子該進還是該退，該快還是該慢，聽聽聲音就知道車子哪兒出毛病了！像我這樣對車什麼都不懂的人，和你們一比簡直是天壤之別。」

70

「車子開久了自然就懂了，妳別著急，慢慢練總會練好的！」朋友笑容可掬。

「唉，我只求能把駕照考下來就阿彌陀佛了，什麼時候要是能練得跟教練你一樣，那就太幸運了！我的車感不好，老是犯錯，讓你這麼一個經驗豐富的教練來帶我，真是我的福氣！」

「別這麼說，我會好好教妳的！妳要對自己有信心。」朋友心花朵朵開。

「教練，你可別嫌我笨啊！俗話說名師出高徒，有你這個名師，我一定好好學習，認真練車，保證一次考過，不給你丟人！」

「好說好說，妳沒問題的！」朋友樂呵呵地就帶著這位學生上車，一路上極盡耐心教她，即使她做錯了什麼，朋友也會連忙安慰：「沒事沒事，剛開始學都會犯錯，過幾天就好了！」

一般人聽到別人對自己的誇讚，最自然的反應就是得意洋洋，非常開心。因為這說明別人對自己的認同和肯定，也是別人對自己的尊重。被別人的話抬在高高的地方，自然會給自己找一個好的臺階下，這時候別人如果有所求，那自己肯定會對他有求必應了。掌握一般人這一點的普遍心理，我們就能在和別人談話的時候運用這個辦法，讓他人樂於奉獻，好使自己的問題盡快解決。

有人問，你所說的「積極的話」不就是拍馬屁嗎？拍別人馬屁想要讓別人為自己辦事，那不是很丟臉嗎？其實不然，「積極的話」力求和事實相符，把對方的優點用一種自然的方式說出來，即

便是對對方的誇讚，卻能夠讓人聽了順暢自然。「積極的話」多在於鼓勵、誇讚、表揚，它的態度是積極而主動的，是真誠而發自內心的。

有一個剛畢業的大學生，他所學的專業是化學，但是因為親戚的關係才進了這家公司擔任辦公室文書人員。儘管他什麼都不會，但是他卻有一張巧嘴，會用一些積極的話獲得別人的幫助。

有一次下班，經理還在整理抽屜，這位大學生滿臉汗水地拿著一本厚厚的本子進來，看到辦公室的人已經快走光了，只剩下經理，這個大學生連忙上前說道：「經理，您忙一天了，怎麼還沒下班呢？」

「收拾好就走，你怎麼還沒走呀？」經理道。

「影印機又壞了，還有一大堆資料搞不定，我想可能要晚一點了。」大學生道，「經理，我們那台影印機真怪，平時您怎麼用它都不壞，怎麼每次我一用它就罷工呢？」

「哈哈，這台影印機確實該換了。我跟你去看看，大概是卡紙什麼的小毛病。」經理說著就去影印機前，左看看右看看，打開機殼弄了半天，還真的把它給修好了。

大學生笑道：「經理您可真厲害，這也能修好。我平時以為您一直高高在上，處理公司各種大

事，真沒想到您還會修這些小東西！」

「這沒有什麼，小毛病而已。不過這台影印機確實太老了，之後我跟公司提議一下，替大家換一台新的！」經理笑道。

「那真是太好了，經理，您這是為民請命啊！您不知道，上次李大姐趕著影印資料也卡了半天，急得跟什麼似的。好多人都為這台影印機著急呢！您這是替我們大家著想。怪不得大家都說您是個難得的好上司！」大學生認真地說。

經理笑呵呵沒答話，接著說道：「你還有多少資料要印？哦，這麼多啊，那要印到八、九點了！這樣，你去值班室叫一個警衛過來幫你，我辦公室裡也有一台影印機，你們倆分開印速度就快了。印好了替我把門鎖上就行了！」經理十分客氣道。

第二天大學生跟同事們說資料是在經理辦公室印的，大家都很驚訝，有人還酸酸地說：「經理辦公室裡那台影印機是新的，他從來都捨不得讓我們用，這次竟然讓你去用，真是看重你啊！」

那個大學生心裡非常明白：積極的話能發揮出良好的溝通作用，能讓對方樂於奉獻。

5、包在我身上！

情景設置

A、B——

B：寶貝，妳長得真美麗，身材超好，真可愛、真有氣質！

A：謝謝，謝謝。

B：不客氣，這明明就是事實嘛！

「隨便」、「無所謂」、「不行」、「不好辦」、「別找我」、「我沒時間」……等拒絕別人的口頭禪很多，抱著「怎麼都行」態度的口頭禪也很多，有些人就是不愛說「包在我身上」！

說「包在我身上」需要帶著一種誠懇的態度，是表示同意別人的一種最好表達，這個詞語帶著

74

一種輕鬆而愜意的口氣，說的人給別人一種信任感和依賴感，聽的人也有一種被尊重感和踏實感。

很多人不喜歡說「包在我身上」，因為這個詞代表著一份責任，你答應了別人一件什麼事情。你不想隨便答應誰什麼事情，所以事事都要謹慎，不輕易下承諾。久而久之，這個充滿了善意、責任感的詞語便消失在你的語言辭彙中。

很多人不愛說「包在我身上」，當別人希望自己做某件事情的時候，總是想要拒人於千里之外，或者找些其他什麼藉口來轉移話題。對於別人有求於自己，說「包在我身上」這幾個字簡直是在給自己找麻煩，如果允諾，那就是同意對方的觀點，要做他請你做的事情。所以為了不給自己添麻煩，還是少說為妙。

可是你知道嗎？別人固然會有求於我們，但我們也會有很多時候需要別人的幫助。如果我們總是拒絕，從不表示對別人贊同之詞，那在我們需要別人幫助的時候，也別奢求聽到別人答應幫忙。

人際社會，每一個人都和別人有著千絲萬縷的聯繫，我們不能做為個體獨自生存下來，因為人類是社會性動物，只有互相幫助、互相依靠，我們才能生存下去。而「包在我身上」這個詞語，是推動任何人之間關係的一個詞語，它可以拉近人與人之間的距離，增加彼此相互的合作。

從現在開始，讓我們嘗試著多說一些「包在我身上」，久而久之，你會發現自己的改變和身邊其他人對你態度的改變。相信這個糖衣砲彈一定會讓你收獲良多。

安安大學畢業後在電視台找到了一份助理的工作，其實說是助理，不過是替主持人、嘉賓、節目製作人等打雜跑腿。每天要做的事情很多，卻都是雜亂的小事，比如替主持人拿衣服、端茶倒水、訂餐、整理節目現場、幫助接待嘉賓，還有辦公室裡的一切雜物，甚至出去買泡麵。

這跟安安當初所想的職業差距太大了，他一直想做一個主持人，希望自己能夠跟隨節目錄製組多學習幾年逐漸上手，可是沒想到自己每天所做的事情連主持的邊都碰不到，這讓他心裡有些沮喪。

不過安安並不是一個容易放棄的人，他每天依然帶著熱情去工作，節目組裡頭無論是誰，只要有事叫「安安，你去幫我買包菸！」「安安，幫我把化妝箱拿來！」「安安，趕快去道具組幫忙抬道具！」之類的，安安都會笑臉迎人道：「包在我身上！」

時間一長，雖然安安的工作一直屬於「小跟班」，但節目錄製組好多人都發現工作中竟然離不開他了，因為他包攬了一切瑣碎但必要的事項。有一次安安休息，主持人把稿子丟在家裡，習慣性地說：「安安，你趕快去我家幫我拿稿子來！」

說完發現沒人搭理她，才發現安安剛好在休假中。眼看著節目時間快到了，主持人叫其他人去幫忙拿稿子，可是攝影師、化妝師、製作人、燈光師等等各司其職，誰也沒工夫幫她。主持人只好連忙打電話給安安，安安雖然正在睡大覺，也立刻道：「我馬上就去！」

不久，主持人因為有事需要離開節目組一段時間，台裡的主管正在物色一個臨時替代她的人，

這時候主持人立刻想到了那個滿臉笑容熱情而勤快的年輕人，以前無論自己讓他辦什麼事，他都開開心心地說「包在我身上」，事情辦得又快又好。於是這位主持人向主管推薦了安安。主管向節目組其他人徵求意見的時候，大家都替這個平時熱心勤快的年輕人說了很多好話，主管最終敲定使用這個名不見經傳的小跟班做主持人。

機會總是留給準備好的人，安安在平時的工作中不斷學習、觀察如何主持，於是工作一入手就很順利。他俊朗的外形、幽默而爽朗的主持風格、穩重而熱情的態度讓他的節目一下熱門起來，在他做了一個多月的「臨時主持人」之後，電視台裡因為他的名氣逐漸增大，專門為他開闢了一個新節目。安安從此實現了自己做主持人的夢想。

機會總是留給有準備的人。安安對他人熱情地說「包在我身上」，使自己良好的形象深深地印刻在別人的心中，當機會來臨的時候，別人自然會想到這個好說話的年輕人了。

「包在我身上」是一個充滿了溫情的詞語，在這個人情冷漠的社會裡，能讓人有種如沐春風的感覺，它能夠迅速拉近人與人之間的距離，消除人與人之間的隔閡，讓大家都瞭解你是一個善良熱情的人，留下一個良好的印象給大家。

Hans 的家在一個新社區裡，他入住不久，社區裡開始組織「住戶委員會」，有幾個熱心的人拿著本子挨家挨戶奔相走告，請每家派出一個人去開住戶大會。Hans 對此不屑一顧，別人敲開他們家門，跟他說明了住戶委員會的情況，Hans 不但沒有點頭說好，反而冷冷道：「社區不是有物業在管理嗎？還費什麼力氣去辦住戶委員會？我沒時間，你們自己去弄吧！」

Hans 的態度讓住戶委員會非常生氣，本來一個簡單的事情，如果他一同參與那就不一樣了。沒過多久，住戶委員會決定在社區大門外做一道圍欄，既為了保護社區的孩子出門不受傷害，又可以防止陌生人員隨意進出社區。

委員會的人有一次挨家挨戶敲門收取每家五十元的費用，當到 Hans 家的時候，Hans 又一次冰冷地拒絕了：「那可不行。每家還要掏錢我可不同意，我不需要什麼圍欄，我家小孩又用不到這樣的保護措施。如果讓我掏錢跟你們一起做圍欄，我不是很吃虧嗎？再說了，你們幾個商量商量就決定要大家拿錢出來做圍欄，之前你們問過我的意見嗎？我是肯定反對的！反正你們弄你們的，我不參與！」

這下住戶委員會的人更生氣，於是很多戶人家都知道 Hans 家特別不好說話，所以每逢過年過節住戶委員會的人舉辦什麼娛樂活動，誰都不會去叫 Hans 參加。Hans 的兒子在社區裡玩耍，好幾個小朋友都不喜歡跟他玩，說他是一個自私的小孩。

Hans 平時還感覺不到這會給自己帶來什麼不方便，可是有一次社區維修水管管道，停水三天，這可把 Hans 愁壞了。

整個社區就剩下住戶委員會的一個水龍頭有水，這條水管管道還是住戶委員會為了停水特地從別處拉來的。社區很多人都去那裡提水，可是當 Hans 也拎著水桶去提水的時候，遭到了很多人的白眼。大家紛紛說他：「你既然不參加住戶委員會，為什麼還從我們這裡提水呢？」「社區湊錢裝圍欄你不參加，很多活動你也不屑參加，你怎麼還好意思來我們這裡提水？」

Hans 頓時感到了很多壓力，他這才明白，原來平時的一些寬容、一些熱情，一句「包在我身上」竟然會有這麼大的作用。

讓我們多一些理解，多一些寬容，多一些善良，多一份社會的責任感，多多練習「包在我身上」這樣的糖衣砲彈，你會發現，這個世界原來有很多事情都很美好！

第二篇

那些被說死的話題

我不喜歡和 C 說話！

嗯，為什麼呢？

因為他嗓音像鴨子一樣！

．．．他現在是我男朋友！

1、衝突、衝突再衝突

情景設置

A、B（在捷運）──

B：您好，您踩到我了！

A：哼哼，踩到你了？腳斷了嗎？

B：⋯⋯。

Case A

有一次我和幾個朋友在一家酒店吃飯，這家酒店的環境很好，飯菜品質也不錯，慕名而來的人也很多，晚一些便訂不到座位。我們來的時候只剩下最後的一桌了，排在我們後面的人只有排座等待的份。正當我們感到幸運的時候，來了一個氣勢洶洶的男人，衝過來指著我們的座位道：「這是

我訂過的座位，你們怎麼能占掉呢？」

這個男人的態度很不好，說話聲音又大又憤怒，滿臉的怒火急道：「我中午就打電話預訂了這個座位了，我一大家子人還在外面等著呢！這座位是我們的，你們占了我的座位！」

服務員過來協調，那男人依然生氣地衝我們大叫：「快把座位還給我，這座位是我的！」

我平靜地跟他說：「這位先生，你在這裡跟我們吵也沒用啊！座位不是我們強行占用的，這是酒店服務員協調出錯的問題，我們再怎麼爭吵也沒辦法解決，你說對嗎？我們把餐廳的主管找來，讓他解決問題好不好？」

那個男人聽我說完便點了點頭，遲疑道：「那怎麼辦呢？我一家人都在外面等著呢！這明明就是我訂的座位！」

我說：「嗯，我們都是來吃飯的，遇到這樣的問題叫這裡管事的來替我們解決，我們聽主管的安排好不好？」那個男人點頭，我立刻叫來主管，把這個情況跟他說清楚，主管聽了以後連忙向我們雙方道歉，並提出了一個對我們雙方都比較公平的建議，他提議臨時加一張桌子，因為我們這方人少，所以我們挪去那張小一點的桌子，這張桌子還給那個訂餐的男人使用，為了表達對我們雙方的歉意，主管還送給我們兩桌各一道招牌菜。

後來那位先生端著一杯酒過來對我說：「小姐，我這人脾氣暴躁，剛才的態度不太好，還是妳

說得對，遇到事情要冷靜一下，跟妳吵架是沒有用的，我們可以好好商量看看怎麼才能解決問題。」

遇到問題，如果一方不夠理性，另一方也被怒氣沖昏了頭，那大家說話的口氣就會不太好，這時候往往是你說的話不好聽，我說的話會更不好聽，愈說愈氣，勢必會發生一場激烈的爭吵，甚至有時候吵架還會升級成打架鬥毆，不僅事情無法解決，雙方還會陷入尷尬的境地。這就好比兩輛對向開來的車，誰也不肯放慢速度，誰也不肯讓位，非要硬碰硬發生正面衝突，那結果當然是兩車相撞，對誰都不好。

很多事情吵架是沒有用的，**想要解決問題不是看誰的嗓門高，誰的脾氣大。**當我們遇到問題的時候，盡量壓制一下自己急躁的脾氣，把話說得委婉一些，避免正面的衝突，喚起對方的理性。雙方在理性中協商，才能順利找到解決問題的辦法。

在工作中我們也經常遇到這樣的問題，所以提醒大家一定要多壓制一下自己的脾氣，理性一點，盡量避免和別人正面衝突。

很多人會不屑地說：「我天生就是一副急脾氣，如果誰跟我說話不好聽，我當然不會饒了他！憑什麼要我忍讓別人，為什麼他不來忍讓我呢？如果別人跟我吵，我勢必會跟他吵的！如果不吭聲讓人家罵，那不是太窩囊？」

86

當然，「**避免正面衝突，喚起對方的理性**」並不是要大家凡事都忍氣吞聲。而是用比較平和的態度來看待事情的發展，要知道吵架解決不了問題，那何不先讓自己平靜下來，理性地面對問題呢？

臨近春節時，鄭先生盼著主管在春節值班的排班表上能給自己多放幾天假。因為老家比較遠，他希望能把自己的值班排在放假第一天或者放假最後一天，這樣一來他就不用中途從家裡返回公司值班。

他希望大家能和他調一下值班的時間，這樣他就可以在老家過一個完整的春節了。沒想到其他同事也不想休假中途被打斷，沒有人願意跟他調班。鄭先生心裡十分不痛快，怒氣沖沖地去找主管理論：

「我早就跟你申請過把值班日排在前面或最後，你怎麼能給我排在中間呢？」

誰知道主管並沒有注意到鄭先生的這個情況，把他的值班日排在了初三，那就意味著，鄭先生初一回老家之後，初三還得趕回來值班。鄭先生心裡一下子就著急了，他拿著排班表去找其他同事，希望大家能和他調一下值班的時間，這樣他就可以在老家過一個完整的春節了。沒想到其他同事也

主管當然也不高興了，生氣道：「你對排值班有特殊要求，難道別人就沒有嗎？休假就這麼幾天，我要照顧這個又要照顧那個，你要我怎麼辦！」

鄭先生一聽，更生氣了，他把值班表朝桌子上一拍，氣鼓鼓地埋怨道：「你就欺負我是外地員工嘛，我們外地人在這裡老是受欺負！薪水少工作多，好不容易放個假，休假還不能夠好好安排，

你們怎麼能這樣做呢？」

主管一看鄭先生說出了這樣的話，不由得也發怒拍桌：「你嫌我欺負你們外地人，那你可以從我的公司裡滾蛋！我沒求你來這裡工作，你不幹，有的是人搶著來！你以為你平時的工作表現好嗎？像你這樣的員工，我沒開除你就是給你面子了！」

兩人愈吵愈激動，爭吵使得雙方都失去了理性。俗話說吵架沒好話，兩人都氣沖沖地說了很多難聽的話，結果鄭先生當場辭職，而主管也被氣得險些高血壓。

如果鄭先生理性一點，換一種方式說話，避免正面衝突，雙方便可能有機會平靜地探討解決問題的方法。

在工作中，和他人爭吵，尤其和主管上司爭吵，對員工來說沒有多少好處。留下一個不好的印象就算了，萬一被記恨上，將來如果有升遷的機會，他肯定不會把這個好機會給你！

我們設想如果鄭先生這樣說：「過去的一年裡多虧您經常照顧我的工作，我在這裡表示感謝。您看我是外地人，回家一趟也不容易，所以我想求您多照顧我一點，幫我把值班排在最前面或者最後面，這樣我才能在老家多休息幾天。等我回來了，給您帶我們當地的特產，這事就拜託您了！」

您平時對我們照顧有加，新的一年我一定會更加努力為公司工作的。

如果你是主管，一個員工楚楚可憐地這樣拜託你，即使調休假的事情不好做，也一定會想辦法幫他解決問題吧！

所以，在我們遇到事情的時候，一定要保持冷靜，迂迴柔和地說話，盡量避免正面衝突，喚起對方的理性，才能更有效率地解決問題。

2、愈描只會愈黑

情景設置

A、B——

B：妳又胖了？

A：沒有啊。

B：還是衣服瘦了？

A：⋯⋯。

B：我並不是說妳胖，我是怪衣服。

A：⋯⋯。

一件很糟糕的事情需要我們去解釋，可是無論我們怎麼解釋，聽的人卻覺得我們怎麼也說不明白問題，甚至愈說反而愈讓人不相信。解釋的人用盡渾身解數也無法讓人家相信自己，原本希望幾句話就解決問題，卻不料問題愈描愈黑，事情愈弄愈雜，讓人非常頭痛。

工作、生活中如果出現某種問題，你可千萬別以為隨便做個解釋就能澄清，小心愈描愈黑，讓別人認為你好像在推卸責任，那樣會讓別人對你產生厭惡的感覺，變得不再相信你說的話。

擔任室內設計的 Leslie 就遇到過這樣的事情。他的好朋友剛購置了新屋，請他幫忙設計，他欣然答應。好不容易做出來一個自以為完美的設計稿給朋友看，朋友臉色卻不自然了，客氣地請 Leslie 再改改。Leslie 疑惑地拿回去改了又改，沒想到最後朋友仍然不滿意。

Leslie 很難過，這個時候有個老設計師提醒了他，「不要因為是朋友就理所當然地用自以為是瞭解的東西去評判朋友的需要。再好的朋友，總有你不知道的喜好跟要求，你更應該去細緻地溝通，真正知道你那個朋友需要什麼，想把家裝扮成什麼樣子。否則你看，你費盡力氣也只是愈描愈黑，你朋友還不好意思責備你，問題無法解決，而且影響你們之間的情誼」。

是的，產生問題就要去瞭解問題為什麼產生，而不是沒頭沒腦地解決問題。如果我們對所產生

問題的原因並不瞭解，那就不容易找到解決問題的方法了。這個時候我們只能緊張地想各種辦法去解決問題、去彌補，殊不知問題只會愈描愈黑。

搞清楚問題的所在是解決問題的關鍵，在自己沒有搞清楚問題所在之前，如果抱著僥倖的心理跟別人解釋問題，往往會愈說愈糊塗，牛頭不對馬嘴。遇到問題的時候，很多人第一反應就是趕快解釋，撇清這件事跟自己的關係，把不良影響降到最低，而不是想如何才能搞清楚問題的所在。這樣一來，既耽誤了自己的時間，又會留給別人不好的印象，得不償失。

比如感情問題。也許你的女朋友看到你和公司的女同事關係非常親密，於是產生了某種不好的猜測，你自己明白你們是清白的，可要是跟女朋友解釋，說不定就會把問題愈描愈黑。這時你應該想一想，為什麼女朋友會對自己產生不信任的感覺呢？是不是因為平時工作太忙忽略了她？是不是因為答應她的事情沒有辦到？是不是因為最近和她的交流少了？如果你能找到原因，針對問題去解決問題，你就會事半功倍了。

又比如在工作中大家都比較敏感的跳槽、加薪、辦公室緋聞等問題，它們會大大影響我們的美好形象。一旦發生，就需要我們盡快查清楚問題根源，該沉默的時候要沉默，該張口的時候才能張口。

Cole 在公司已經工作了快十年了，十年間他的薪水也調了一些，但是由於前兩年的經濟危機，他和其他同事對公司的福利待遇問題有所不滿，尤其是作為公司的資深員工，他在工作上可算盡職盡責，於是覺得自己被公司忽視了。他也知道工作難找，不敢明著抱怨，只是私下常常提及跳槽。

也不知道誰走漏了風聲，經理知道了非常不高興。尤其 Cole 還是公司的資深員工，可以說 Cole 是跟著公司一起長大的，也從公司學到了許多可貴的經驗，現在危機剛過，他竟然在背後議論想要跳槽！

從那以後，經理對 Cole 疏遠了些，工作出問題了也會嚴厲批評他。Cole 明顯感覺到自己在經理這裡不受歡迎了，弄清楚原因後，他跑去跟經理解釋這完全是個誤會。經理把聽來的「傳言」重複給他聽，雖然這些話都是經過別人加工的，卻著實讓人聽了難受。Cole 不得不把自己原來和同事討論的意思說出來，說自己不過是想在待遇上有所提高而已。

經理愈聽臉色就愈不好，後來乾脆斥責 Cole 對公司不夠忠心，說公司白白培養了他十來年，原來把他當作兄弟一般，竟然因為金錢而不和。經理說了很多氣話，Cole 愈解釋愈混亂，最後甚至無法收場。

Cole 一怒之下跟經理大吵了一架遞交辭職信，可是辭職之後再找工作，Cole 卻著實有些後悔。因為他的學歷不高，雖然經驗豐富，可惜很多公司把入職門檻都定的很高，他白白錯過很多機會。

而不需要高學歷的小公司要他，薪水卻不能像做了十來年的那家公司那麼多。

Cole 後悔當時自己太衝動了，沒有好好把問題看清楚，就急切地去找經理解釋，雙方都對問題有不同的看法，加上確實是自己理虧，Cole 說不清問題只能愈描愈黑，一怒之下輕易丟失了一份不錯的工作。

遇到問題的時候，首先要冷靜下來，如果能搞清楚問題的緣由，那可以選擇適當的方式從根本上解決問題。但是有時候我們無法搞清楚問題出在什麼地方，或者引起事情發生的問題不只一個那麼簡單，那我們最好的辦法只有暫時保持沉默的態度，不要急著去解釋，以防問題愈描愈黑，把工作、生活搞得一團亂。

3、「三句話」必死之惡性循環

A、B——

A：這個小孩很可憐。

B：然後呢？

A：爸爸、媽媽不要她了。

B：然後呢？

A：很可憐啊……。

B：喔。

A：……。

我想，每個人聊天的時候，都最討厭那些別人拋來、我們卻接不住的話題，因為面對那些話題我們總是在談話中陷入困境，更有甚者說不上三句話，談話就會不幸「流產」。有些話自以為談諧，卻會將這種「一聊必死」的壞現象表達得淋漓盡致，不可不慎！

妍美最近很困惑，因為她遇上了一個完美的優質男人，可是問題在於他們兩個在聊天的時候總是莫名其妙地卡住，沒有下一步的交流，怎麼可能變成好朋友呢？又怎麼從朋友變成戀人呢？妍美深知這一點。

這一天，妍美看到她鍾意的男生在 Skype 上，她趕緊發過去一個笑臉打招呼，過不久「完美先生」就回覆了她，點開一看，照樣笑臉一張。妍美只能接著說：「今天工作不忙喔！還有時間在網路上？」

完美先生答：「還好。」

妍美心中一沉，只好接著問：「下班了有什麼活動嗎？」

其實妍美的意思再明白不過了，當一個女生問你下班之後的事情，多數是為了讓男生主動約她，可是「完美先生」的回答卻讓妍美氣到爆炸，他說：「沒什麼事情，呵呵⋯⋯」

96

妍美當然不是死纏爛打的女生，所以以後再也沒有主動和「完美先生」說話，這場處在萌芽中的浪漫之愛也就不了了之。

故事中的「完美先生」實在讓我有些詫異和生氣，詫異的是一個美麗的女孩主動向他示好，他卻無動於衷，氣的是他的說話態度真的很想讓人揍他。其實，這位先生也並不像妍美想的那麼完美，至少在語言溝通上還存在很大的缺陷，因為他早在不知不覺中陷入了談話的「三句話必死之惡性循環」中，這樣的人經常更容易接到別人發給自己的問題，但是卻不能同樣創造話題給提問的人，所以，話題的主動方就一直處在發問的一方，但是久而久之，這種只拋出去卻無法得到共鳴的談話，必然會終結在「然後呢」、「呵呵」、「……」之後。

對於這一類別的談話，如果不想把話題說死，或者是不想讓話題卡住，那就要懂得把話題從「Game over」變為「Game on」，比如妍美問：「今天不忙喔」，完美先生就可以回答：「還好，閒暇時休息一下，妳也不忙啊？」比如妍美問：「今天下班有什麼活動？」完美先生如果想去約會就可以回答：「沒什麼活動，妳呢？如果沒有可以一起吃飯。」完美先生如果不想約會就可以回答：「沒什麼活動，不過想早點回家看書休息一下，最近有點累……」我想，如果完美先生這樣回答，妍美就會好受些吧！

其實生活中有很多類似的狀況，比如一個足球白癡和一個足球大神級對象聊天，話題就盡量不要停留在技術或者明星的層面，畢竟不瞭解的人很難能瞭解這些。最聰明的方法就是談與足球相關的事情，而且重點還要在聊天的對方身上，比如：每次看足球賽都去哪裡啊？什麼時間看？看的時候要注意休息！這些話題既可以幫助你擺脫不懂裝懂的尷尬局面，也可以讓你用善意的情感打動談話的人，這樣，無疑是一次開心的談話。

所以，如果不想再讓自己的話題陷進「三句話必死之惡性循環」中，那麼還是學聰明點，懂得說一些讓人接得下去的話吧！

4、說「但是」與「不」之後

情景設置

A、B——

A：不好意思，我可能有一件事需要麻煩你。

B：好啊！

A：你能幫我看一下寶寶嗎？我想去買便當。

B：可以啊！但是我得去上補習班。

A：那你能幫我買一下便當嗎？就在街角那。

B：喔，可是我現在有點忙。

A：……。

第三篇　那些被說死的話題

有個人想要買一輛車子代步，已經有幾款同價位車都在喜歡之列，只是比較來比較去不知道如何選擇。他看中的這幾款車都是大品牌，車型各不相同，各車輛的優勢也各有不同，所以他真的很煩惱。於是他打算一家一家地去看車、試駕，想要透過這種方法來選一輛最符合心意的車子。

誰知道接連去了幾家店之後，他依然無法選定一款自己喜歡的車子。各種車子對他都很有吸引力，有的車子動力很好，但是較耗油，從性價比來看有劣勢；有的車子動力一般，但好在性價比高，較不耗油；有的車子外形非常時尚惹眼，但是車子空間卻不夠大。無論哪一種都讓他無法敲定。

於是他想要從車子其他的地方找更多突出的優點，他問車輛的銷售人員車子的保修，會不會多贈送一些車子裡頭裝飾的小東西，比如腳踏墊、汽車玻璃防熱膜、椅套等等，其中一個銷售員直接搖頭說：「不行，這輛車子已經享受了店裡的打折優惠了，所以不能加送其他東西了。」然後他暗示這位顧客，像腳踏墊、椅套、汽車玻璃防熱膜等這樣的小東西其實很便宜，將來自己購買也不會花很多錢。

銷售員對他說「不」之後，他心裡很不痛快，這些小東西也不值多少錢，你送給我一套不也行嗎？難道非要讓我自己去買？而且這個不行、那個不行，態度一點也不好，對顧客一點寬容感都沒有，將來如果我的車子壞了來這裡維修，豈不還是這樣也「不行」，那樣也「不行」，這樣的銷售者讓我怎麼相信他呢？

100

所以他又去了另一家店，這裡的銷售員在聽到同樣的要求後，不僅沒生氣，還笑道：「您要求的這些東西都是小東西，雖然您已經享受了本店的購車折扣了，但我可以向經理請示一下，給您一些特別的優惠！因為您是我們的貴賓，所以您的要求我們一定會盡量滿足的。」

當他向經理請示回來後，對他笑道：「我們經理答應，如果您現場付款買車的話，就立刻送您這些小禮物。而且我幫你問了在我們店內駐店的保險人員，他們說如果您直接在我們店裡購買他們的保險，他們還會額外送您一些折扣！」

他聽了之後，心裡覺得這款車子的服務人員態度很好，那將來它的售後服務也應該會不錯，這輛車子的價值在他心目中一下子就提高了很多，於是他當場購買了這款車子。

如果第一個銷售員確實不能為顧客提供想要的禮品，那他可以尋找一些店內其他優惠給顧客，比如在售後服務上替顧客提供免費洗車，在車輛需要保養的時候第一時間為顧客排好位置，讓他們開車來保養、修理的時候不需要等太長時間。只要我們抓住顧客愛「占便宜」的心理，我們就能讓顧客在購買商品時充滿了愉悅感，那我們銷售起來也相對方便了很多。

銷售自己是一門很深的學問，想要達到目的首先就要記住一點，那就是永遠不要輕易對對方說

「不」！

第三篇　那些被說死的話題

101

永遠不要對對方說「不」，理論上是非常正確的，但實際操作起來卻非常難，因為我們會遇到形形色色的人，一旦發生問題，我們一定要記得讓自己先平靜下來。

「我很喜歡你的創意，但是不適合我！」

「你的表現感覺不錯，但是我還是決定解僱你！」

「我知道你對設計很有天分，但是我們公司不需要你這樣的初階設計師！」

「我很欣賞你的勇敢，但是我們不想要一個太激進的同事！」

「但是」是一個很厲害的轉折詞，即使前面的話說得再好聽，只要出現「但是」這個轉折詞，後面的結果一般都不是很好，所以我們都怕聽到這個可怕的轉折詞。

如果你跟一家公司談生意，你的很多話題中都帶有「但是」，「但是」後面附帶其他的條件，那跟你談生意的公司大多不會考慮你的意見了。別小看「但是」，因為這個詞帶有一定的危險性。

「但是」彷彿是對一件事加上了不好的附加條件，從人們的一般心理上說，接受一件事情之後，如果多一件並不讓人十分滿意的附加條件，那人們的心裡大多會對此產生厭煩感，更會因為這種感覺而影響對整件事情的判斷。

很多時候如果直接地對人說一件事並不是很好的事情，也許人們還可以嘗試著接受。如果我們把事情換一個說法，就是先把事情的好處說出來，當人們認同之後再告訴他附加的不良條件，那人們

102

就會有一種被欺騙的感覺，會覺得整件事都不值得再去相信了。這就是用「但是」來談事情的後果。

想要把一件事談成，最好少提「但是」這個危險的詞語。哪怕把不好的一面先向對方直接地說出來，也比先列舉好條件再用「但是」去說服人的辦法要好。

Adam 接到了一家公司計畫舉辦團體出遊的任務，Adam 當下找到那個公司舉辦出遊的負責人商談路線問題。

Adam 是一名導遊，他的職責是帶領遊客遊覽名勝古蹟、青山秀水。

因為公司能給的優惠並不多，所以 Adam 也無法給這間公司更多的優惠項目。他跟公司負責人介紹：旅行全程使用的車輛為豪華大巴士，空調、電視、飲用水都齊全，安全係數也高，但是需要負擔司機的補助金兩千元；旅遊用餐標準為一百元每人，一桌十個人，十個菜，米飯吃到飽，但是每桌只有兩個肉菜和一條魚，其他都是豆腐、白菜、蘿蔔等經濟菜；全程景點包括主要門票，但是不包括其餘門票和所有遊樂項目的支付；全程參觀的景點保證都是當地最精華、最漂亮的景點，但是考慮團費因素，需要有三個購物行程……。

Adam 的話還沒說完，公司負責人的眉頭就皺了起來，當他繼續介紹完所有項目的時候，那位負責人撇嘴道：「你每個條件看起來都很好，很誘人，可是每個條件之後都會跟一個『但是』來限制

受限制似的，所以對你的出團條件我還是要考慮一下，你請回吧！」

我們，我們的旅行團費預算雖然並不是很多，但是你這些話說出來讓我覺得我們好像這次旅行處處

Adam 也知道給他們的優惠確實不多，可是這畢竟是為了保障旅行社的利潤，他也沒辦法，而且

據他所知，他們旅行社的報價已經算低了，如果優惠給多了，他們是無法盈利的。

讓他沒想到的是，有一家旅行社居然用同樣的價位把這份合約拿了下來，Adam 非常好奇，為什

麼同樣的報價那位公司負責人卻能接受呢？

其實，另一位導遊是這樣對公司負責人說的：「旅行全程的車輛是豪華大巴士，因為貴公司在

旅行團費預算中沒有留出餘地，所以司機的費用是需要貴公司付兩千元的。這一點請您需要特別的

理解，這件事我們也很沒辦法，我們將會把更多的錢投入到大家遊覽的景點當中，為您做的服務也

會做到最好。旅遊用餐貴公司需要的是低標準每天一百元，這種價位的飯菜肯定是不能做到大魚大

肉的，旅遊用餐貴公司也要賺利潤，所以他們會有一些便宜的蘿蔔和青菜來做菜，不過我們可

以保證飯菜的乾淨衛生，一定讓每位團員吃飽，希望您能理解。全程景點一般來說都只包括主要門

票，有些景點需要購買門票，這不在團費之內需要自付，不過貴公司只要有十人以上想要購買其他

門票，我們導遊就可以幫大家購買半價的團購票，其實也就是十幾塊錢而已。當然，去每個景點都

有每個景點的特產可以選購，因此我們安排了三個特產購物的地方，您放心，我們導遊已經跟他們

聯繫好，保證大家購買特產的時候給大家最低折扣。經理，我們已經給出全市最低的報價了，但是

我可以跟您保證，我們的服務一定不會打折的！我們也希望各位能夠花最少的錢，痛快而開心地玩幾天！」

這位導遊把每個「但是」之後需要轉折的缺點，變為跟報價息息相關無法改變的實際情況，而不是好的條件後面附加的劣質條件。這樣說話讓別人聽起來不會被「但是」嚇到，而是更考慮到實際情況，所以能夠更加體會到對方所說的條件，心裡也比較容易接受了。

這件事之後，Adam 便對自己的說話有所注意，當他再次遇到類似情況的時候，他便會避重就輕地避免直接衝突，而是先把對方開出的條件列出來，然後跟對方分析費用的使用情況，用委婉的方式轉變一下，讓那些看似苛刻的條件變成讓人比較容易接受的語言。

「但是」會毀了一場「好生意」，更會毀了一樁「好感情」。這可不是危言聳聽，很多事實證明，即使有一個好的大前提，後面一個大的轉折必然讓人難以接受。

無論是談生意還是平時工作中，我們都要在自己的語言方式上做一些調整。同樣的意思用不同的方式說出來，產生的效果是有著天壤之別的。我們要嘗試把不好的條件用好的方式表達出來，或者針對不好的條件有不同的解釋或者適當的補償，利用人們喜歡占便宜的普遍心理，把不利於自己的條件用另一種方式表達出來，往往會事半功倍。

所以有時候，在和他人談話的時候，不妨把「不好說」的話換一個角度去說，不是要隱瞞，而是提倡不直接涉及「不好說」的那一方面。當然這不是教大家說話「話裡有話」，只不過是想讓大家掌握聽眾的心理，更佳地掌握談話的主動權罷了。

5、見人說鬼話，見鬼說人話

情景設置

A、B──

A：上次我請你問的事情，你幫我問了嗎？

B：啊，你不是在開玩笑嗎？不過我幫你問了另一件事！

A：拜託！另一件事才是開玩笑的！

B⋯⋯⋯。

何謂「見人說鬼話，見鬼說人話」？到底為什麼會出現這樣的狀況呢？其實這就是那些總是在談話中找不到重點的人的通病。顧名思義，抓不到說話的重點，當然也就不能順暢地溝通，到最後

107

也就只能是說的人不清不楚，聽的人不知所云，一番雞同鴨講罷了。

浩男是一家廣告公司的AE，主要負責客戶和公司之間的業務溝通，他平常兢兢業業，總是特別認真地完成每一件事情，即使錯誤之後也會馬上改正，但是，雖然他這麼努力工作卻沒有得到應有的提拔，眼看一起來的同事都升職，浩男坐不住了，他鼓起勇氣推開了經理的大門。

「經理，我想打擾你一會兒，可以嗎？」浩男小心地問，經理抬頭看了一眼，對著桌子上的文件漫不經心地說：「沒事，你說吧！」

見經理發話，浩男鼓起勇氣說：「經理，算算我在這公司已經四、五年了，我一直兢兢業業，即使出了錯誤也盡己所能去改變，可是為什麼我的同事升職了，而我沒有呢？我一直覺得我的努力比他們多很多……」

浩男說話時，經理一直面帶微笑地看著他，聽他抱怨後說：「你還記得上次我讓你接待A客戶的事情嗎？我請你去問人家滿不滿意B計畫，最後，你問的是C……你的問題在哪還不夠清晰嗎？為什麼你總是聽不到別人說話的重點呢？客戶跟你說A問題，你卻常常認為是B問題，這樣下去怎麼溝通？你又怎麼能做一個成功的AE呢？」

浩男聽到之後十分尷尬，沒說什麼就出了門，從此之後，他還是兢兢業業地工作，不過他學會

108

了洞悉對方說話的重點，很多不必要的錯誤都沒有再犯了，一年之後，他被經理升職了，這次，浩男沒有去找經理，因為他看到經理在玻璃窗後正和他微笑呢！

我想，浩男的問題在很多人的身上都會出現，這也就是這些人為什麼總會把一些本來愉快的談話搞得沒有談下去的興致。俗話都說「見人說人話，見鬼說鬼話」是最聰明的說話方式，因為它讓人更加八面玲瓏、如魚得水，而「見人說鬼話，見鬼說人話」卻恰恰相反，因為只要這樣的談話性質出現，那麼這場談話就註定有個被說死的結局。

面對這種狀況，聰明的人會馬上保持沉默，細細思考一下對方說話的重點，尤其不要操之過急，魯莽地錯判別人的意圖，最後耽誤別人、影響自己。所以還不會聰明說話的你，是不是應該多向「見人說人話，見鬼說鬼話」的聰明人學習呢？

6、「怪咖」請注意

A、B——

A：幾天不見，忙什麼去了？

B：最近在研究外星人！

A：你媽媽還好吧？

B：你認識她啊？

A：喔，不！只是問一下！

B：跟你說些我最近的研究成果……。

A：………。

生活中，總有這樣的情形，當我們準備開始一場熱絡有趣的談話時，卻常常會被某些人破壞「氣氛」。這些人被我們在背後稱為「怪咖」，怪就怪在他的話題總是處在狀況外，讓我們沒有談下去的興趣。

我想這樣的怪咖在生活中是常有的人群，他們喜歡研習那些異於常人的領域，喜歡說那些不尋常的話題，他們沉浸在自己的世界中，不希望外界的力量打擾他們的思維。雖然如此，這些「怪咖」們卻常常將我們的生活打斷。

B三是一個大學學生，雖然他的專業是中文系，可是卻喜歡研究那些外星靈異現象，起初他整日都埋頭研究這些，樂趣自在其中，可是後來有一天他卻開始發現自己好像和別人有了距離，這主要是從宿舍裡的一場談話開始的——

一過中午，大家都有些倦怠，早早就躺在床上，有幾個男生開始討論最近流行的女明星，大談她們的身材、相貌，並且還替這些明星打分數。這時，B三插話道：「你們知不知道其實外星人的女人長什麼模樣？」

住在對面的小天斜著眼看了一下B三，冷淡地說：「我才對那些鬼樣子的女人不敢興趣！」

看有人質疑自己，B三心裡也不高興了⋯「你知道她們長什麼樣子嗎？你知道她們的特異功能是

什麼嗎？難道你們就不想知道嗎？每天就只會待在這議論女明星，宅男了不起啊！」

最後的結果是 Bill 和小天打了一架，各說各有理，雖然宿舍的同學幫助勸和了，但是 Bill 發現之後和自己說話的人也愈來愈少了。自此，Bill 乾脆一心投入到自己的興趣中做研究，再也不說那些自認為沒用的話了！

其實，Bill 的問題不在於他自閉不會講話，而是他本身沒有和別人一樣累積同樣領域的資訊，所以當別人談起什麼時，他就總覺得沒有意思，不夠吸引他，所以也就沒有共同語言了。

不過，「怪咖」們也不是完全沒有救，以下幾招就是教「怪咖」打入對方話題的技巧──

1、遇到不熟悉的話題，馬上表現出討教的誠意。

有些事情你不知道不要緊，但是如果像 Bill 那樣明顯地表示出對小天他們談的話題沒有興趣的話，那麼誰還願意和你說話呢？相較之下，如果 Bill 當時能說：「你們聊的女孩我都不知道，能不能替我介紹一下啊？」我想，如果 Bill 這樣說，小天他們最多只是笑話一下 Bill 不懂流行，之後就會搶著告訴他那些女星是誰、都演過什麼電視劇……一場愉快的談話就會持續了。

2、適時地將自己的擅長領域推薦給談話的對方。

在打開對方的話匣子之後，此時，「怪咖」們就可以把自己專長的領域介紹給大家了，比如故事中的 Bill 就可以在瞭解了女明星之後神秘地問大家：想不想知道那些神秘領域的女性形象？再講一些神秘的故事，那麼大家肯定也會很喜歡和你聊天的。

所以，「怪咖」請注意：你還不是無藥可救，請多和別人說話吧！

第四篇

拐個彎說話

第四篇 拐個彎説話

1、說話不要太老實

情景設置

A、B——

A：幾天不見，又胖了啊！

B：還好，還好。

A：胖了有十公斤吧！看看，衣服都該換新了！

B：呵呵。

A：妳老公都給妳吃什麼啊？養得這麼富態！

B：……。

118

人說話不要逞一時口舌之快，想起什麼就說什麼，要拐著彎說出內心的想法。舉個簡單的例子，如果別人罵你，你自然會氣不過跟他對罵。你罵他之後，他更加生氣，當然會說更難聽的話來罵你。你也不甘示弱，用更更難聽的話回敬給他。兩人你一言我一語，用最難聽的話攻擊對方，結果兩敗俱傷。

太直接的說話雖然不是「罵」人，但很多時候，如果你對某人有什麼樣的看法想把心裡話說出來，可是這些看法對別人來說也許並不是什麼問題，或者真的是屬於別人不願意被人揭開的短處，你直接地告訴他，就等同於在「罵」他。他臉上掛不住，自然也對你不客氣，把脾氣發在你身上，不管你是不是好心，反正針鋒相對地跟你吵才能挽回面子。

有一次在大街上看到小夫妻吵架，愈說愈激烈簡直成了對罵，半條街的人都在圍觀。

女方：「你一天到晚不回家，你眼睛裡還有沒有這個家，還有沒有我和孩子？」

男方：「我還不是為了給你們賺錢養活你們嗎？嫌我老不回家，我天天在家怎麼能賺錢呢？我每天有多辛苦妳不知道，妳就只知道埋怨我！」

女方：「你每次都說去賺錢，可是我也沒看見你的錢在哪兒！你不就是一個做粗工的嘛！還嫌我把家裡弄得不好？我也要上班，我回家也累，起碼我賺的日薪比你還多幾百塊！」

男方：「妳賺錢多？妳嫌我賺錢少，當初就別嫁給我啊！」

女方：「誰願意嫁給你！我當初是瞎了眼！」

最後，女方摀著臉哭著跑了，男方一臉氣憤地蹲在路邊抽菸。

其實，小倆口吵架無非是為了賺錢、回家的問題，女人嫌老公回家少、賺錢少，爭來爭去就吵了起來。可是這些話要是換成較委婉的說法，拐著彎說就不一樣了。

女方：「老公，你每天早出晚歸，有時候晚上還要加班到很晚，一定辛苦了，我真心疼你！」

男方：「為了賺錢嘛！我想讓妳和孩子都能過上好日子。」

女方：「你現在在工地上做的是體力活，我擔心時間長了你的身體總會吃不消的，何況現在工地的工作給的薪水也不多，要不我們想想辦法做個小生意，你就不用那麼辛苦了！」

男方：「誰叫我沒本事呢！怎麼，嫌我錢少啦！後悔嫁給我？」

女方：「我是真心心疼你，不想讓你那麼累，不想讓你那麼晚才回家，你還這麼說我！我可生氣了啊！」

男方：「別生氣嘛，說著玩的！不過話說回來，現在妳賺的日薪都比我多幾百，我真是覺得沒臉見妳！」

120

女方：「說什麼見外話呢！我們是夫妻，誰賺的錢不都是我們倆的錢！你看這樣好不好，我們已經賺了一些，再借一些錢，在家門口開個小吃店賣早點，憑我的手藝和你的勞力，我們應該能賺更多錢！」

男方：「好主意啊，只是老婆那樣要辛苦妳了！將來賺了錢，我天天帶著妳和孩子去旅遊，一天也不離開你們！」

前者的情況是：女人憋了一肚子氣看見老公就罵，心裡頭怎麼想的就怎麼說出來，不注意說話的方式，本來想要維護家庭的和睦，卻因為逞一時口舌之快，讓老公受不了，於是兩人發生了爭吵，而且愈吵愈激烈。

後者的情況是：女人委婉地跟老公表達自己的想法，體貼地照顧到老公的心情。老婆如此體貼關愛，做丈夫的自然會因此感動，她的委婉換來的是老公對自己更多的關愛。所以，「有話好好說」對方才更容易接受。

尤其是女性，在「有話好好說」這方面有著得天獨厚的優勢。溫柔婉約是女人的說話資本，在很多情況下，女人可以憑藉著自己這些資本掌握說話的主動權，用溫柔來打動他人。

有些女性一副急脾氣，和別人爭論什麼事情的時候，總是把嗓門拉得高高的。好像扯著嗓子喊

一通，就能把道理喊到自己身邊來似的。俗話說：有理行遍天下，女人又愛和別人嘮叨爭吵，逞一時之快，硬碰硬地跟他人爭吵，不見得就能落得什麼好處。相反地，如果女人知道自己的優勢，運用自己的優勢跟他人溝通，很多時候總能夠事半功倍。

所以格外提醒女性朋友，不要逞一時口舌之快，遇到事情需要討論時，要記得以下幾點：

不急不躁，不能讓對方的挑釁亂了陣腳。

氣定神閒，有話好好說。

委婉說話，不圖一時口舌之快。

謙虛忍讓，但氣勢不能太低，態度要好一些。

還有一個例子，替我們提供了很好的負面教材。例子中的主角批評人時口不擇言，讓他人對自己產生了怨恨，暗地裡和別人結仇或結緣都不知道，最後嚐到了被報復的苦果。

Case B

李麥克是一家公司的銷售經理，他手下有一個新來的銷售員，銷售業績一直跟不上大家。月底的時候李麥克拿著業績報表一看，這個新來的銷售員扯了整組人員的後腿。李麥克一生氣，便把那個新來的銷售員叫進辦公室。

李麥克說：「你知不知道你的業績是全組、全公司的第一？倒數第一！我就沒見過你這麼笨的人，有顧客問你產品如何，你都結結巴巴地說半天說不清楚，碰到你這樣的誰還願意買你東西啊！你還跟客人頂撞，他說產品有什麼功能，你順著他的意思說就好了，你還拿出產品說明書出來證明我們的產品沒有那個功能！你是嫌我們產品功能太多啊？還是嫌你的業績銷售太好啊？我看你不適合做銷售，你還是想想辦法調去別的部門吧！我們可經不起你這麼拖累！」一席話，讓新來的銷售員羞愧地無地自容。沒過多久，就辭職了。

李麥克並沒有因此而改變自己說話的方式，總是在批評別人的時候用盡刻薄的詞語。時間久了，他管理的銷售人員對他都產生了反感，大家一致地認為，即使李麥克的意見是對的，但說話那麼難聽也讓人無法接受，他們並不覺得李麥克批評大家是為了讓大家共同進步！

兩年以後，李麥克在行業裡遇到一個強而有力的競爭對手，對方用盡各種方法把他的產品銷售打壓到最低，無論用什麼樣的促銷手法，對方都會用更加優惠的促銷手法跟他競爭，終於李麥克因為小組的銷售委靡被公司主管責罰。後來他才知道，那個強而有力的對手，竟然是那個兩年前被自己狠狠批評了一頓、憤而辭職的銷售員！

那個銷售員辭職之後，勵志磨練自己的口才和銷售能力，從一個小小的銷售員做到了銷售經理，

又做到了部門主管，這時候他終於可以為自己雪恥了！

李麥克一時的口舌之快，讓他無形中樹立了一個強大的敵人，悔不當初。如果當初的他不為一時的銷售業績所急，而是對新來的銷售員善意指點、糾正，讓他逐漸進步，那他勢必會得到一個工作上的朋友，而不是一個讓他徹底失敗的敵人！

我們都要記住，千萬不要只顧得自己嘴巴上痛快了，忘了以後會有什麼不好的後果。在當今這個紛繁複雜的社會中工作、生活，多一個朋友總比多一個敵人好。千萬別因為一時口舌之快得罪了別人，讓人家恨不得把你當作槍靶豎立起來，有事沒事就想朝你開兩槍出氣。

所以要記得，很多時候很多話都可以換一個方式委婉地表達出來，既能讓人接受，又不會得罪別人，這才是最會說話的人。

124

2、不輕易說「不會」

A（面試官）、B（應徵者）——

A：你會做些什麼？

B：你應該問我不會做什麼。

A：喔，那你不會些什麼呢？

B：這也不會，那也不會！

A：………。

說「不會」之前，要慎重考慮一下，有很多「不會」的事情其實我們可以學著去做，而且有很

大的機會可以做好；當然也有一些「不會」的事情其實是為了偷懶，不想給自己找麻煩，增加額外的工作量。如果別人提出一個問題，你想都沒想就說出「不會」這兩個字，那別人對你的印象必然會大打折扣！

當然，不是非要讓大家硬著頭皮去說「我會」，有些事情可能我們真的做不了，當別人提出的時候，我們無法去完成，這時候卻硬說「我會」的話，將來無法完成任務也不是鬧著玩的。所以我們要在說「會」、「不會」之前，慎重考慮一下，別因為一時的疏忽或推託責任而讓別人覺得自己無能，也別因為勉強接過艱難的任務而讓別人覺得自己辦事不力。

Case A

Beck 在公司的表現也算不錯，工作一向都很勤快，不論什麼工作都不怕苦不怕累，只要經理交給他的任務他都盡力去完成。可是兩三年過去了，Beck 依然沒有被經理提拔，而自己身邊的一些同事，有的已經升職成副理或者小組的主管了。

Beck 很納悶，他自己知道自己對工作上的事情可從來沒偷過懶，工作都是實實在在的。有很多時候需要額外的加班他都沒有任何怨言，冬天寒流或者夏天揮汗如雨的時候，有些外勤工作同事們不想做，他都會很勤快地接下來。可是為什麼自己這麼努力工作，卻得不到上司的賞識呢？那些工作不如自己的同事怎麼一個個都得到升遷的機會呢？

Beck 想不通，於是他鼓起勇氣去找經理理論。經理客氣地讓他坐下，問了他一個問題：「我們公司倉庫裡，H233 型號材料現在庫存多少？如果有客人訂購這樣的材料，你會提供客戶完整的安裝資訊嗎？」

Beck 當場就怔住了，這問題應該歸倉管和安裝部門負責，自己只不過是辦公室宣傳專員，平時活動、製作文宣，處理宣傳細節還行，這些不歸他管的問題他怎麼會知道呢？他只好皺著眉頭說……

「我不會！」

這時經理叫來了 Beck 辦公室的一個同事，這個同事剛剛被提拔為辦公室主任，經理問了這個同事同樣的問題，那個同事很快回答出了那種材料的倉儲量和一步步詳細的安裝步驟，讓 Beck 目瞪口呆。這個同事跟自己一樣是做辦公室的宣傳工作，那些倉儲量和安裝資訊都是另外的技能，他們平時大多坐辦公室，很少去一線生產處，而這個同事怎麼對這些問題瞭若指掌呢？

「同樣是不歸自己部門管的問題，有人說會，有人說不會。說會的那個除了本身工作之外，一定會詳細地瞭解跟自己工作相關的很多東西，懂得的工作愈多，做起工作來愈順手。而你雖然工作勤奮不怕吃苦，可是卻不會很多應該會的東西，不會用自己的頭腦去思考讓自己如何進步。」經理的一番話讓 Beck 無地自容，從那以後，他在說「不會」之前，都會詳細地對工作做一些瞭解，認真

地思考一下自己的能力。

我們很容易碰到類似的情況，有時候上級問我們一個問題，不管這問題是不是跟自己的工作緊密相連的，我們都要認真考慮一下，千萬不要隨便說「不會」。因為一旦「不會」這兩個字說出口，就代表了你放棄了一個潛在的工作機會，丟掉了一個可以向他人證明自己能力的機會。這時你給人留下的印象將是非常不好的，對方一定在想，這傢伙做事不認真，不會用頭腦去思考，更不會對自己應該承擔的責任去負責，因此會對你產生不信任感。

很多人為了怕麻煩而說「不會」，也有些人抱著「多一事不如少一事」的想法也說「不會」，也有很多人對自己工作之外的事情卻是不太瞭解，因此輕易放棄可以學習的機會，跟別人說「不會」！

遇到別人請教或者交代工作，我們千萬別張口就說「不會」，當你說出這句話的時候，你會在別人心裡留下一個不好的印象，一次說「不會」，兩次說「不會」，長此以往別人會認為你真的什麼都「不會」，什麼都不能委託給你，不能依靠你，那麼你在別人心目中的地位將會大大降低。

Case B

Marry 是一家公司的職員，她的工作並不是很繁重，但是要做的事情卻很複雜、很繁瑣，辦公室裡有四、五個同事，可是在整個辦公大樓裡，Marry 卻是最受歡迎的人。

有一次辦公室的影印機壞了，很多人拿著文件焦急地等待複印，一會兒影印機旁就排了好幾個人。Marry 看到這種情況，馬上打電話給影印機維修員，然後找來影印機的說明書，一邊查看說明一邊打開影印機查看內部，逐一排除故障。結果她很快找到故障原因，原來裡面卡紙了，Marry 迅速修好影印機，迎來大家一片掌聲。

有一次辦公室裡接到了一份特別的工作，Marry 他們需要寫一份詳細而生動的報告，平時大家不過寫一些工作總結和計畫之類的，誰都沒有寫過這樣長篇大論的詳細報告，因此辦公室裡的幾個人都有些為難，誰也不敢接這個任務，生怕自己不會寫，寫壞了會挨上司批評。Marry 拿來寫作資料認真看了看，在網路上搜尋了一些類似的報告研究了一下，她心裡有底之後，決定向上司請纓接下這個艱鉅的任務。

上司知道平時 Marry 就是一個積極主動的人，對她積極的工作態度給予了高度的讚揚，把工作交給她後，還親自為她配了個助手幫助她查詢資料。Marry 歷經一個多星期的辛苦奮鬥，修改數次，終於把一份精彩而細緻的報告遞交給了上司，上司看完以後大加讚賞，從此對 Marry 另眼相待。

從那以後，上司只要有什麼重要的任務都會先找 Marry，Marry 每次都會認認真真地考慮一下，然後用盡全力去完成。時間久了，Marry 的工作能力在學習和鍛鍊中愈來愈好，也愈來愈被器重。

不要輕易說「不會」，不要輕易放棄讓自己學習和進步的機會。

當我們遇到有困難的工作時，如果我們每次都繞過困難，躲避困難，而不敢迎難而上，那我們怎麼能在和困難的正面迎戰中累積成功的經驗、鍛鍊自己的能力呢？相反，我們認真對待困難，直接面對而不躲避，雖然暫時給自己增加了很多煩惱、增加了很多工作量，但是每一次面對困難都是一次學習和進步的機會，我們在戰勝困難的過程中，付出了艱辛，卻收獲了勇氣、堅強和各種應對的方法，這些累積對年輕的我們非常重要，它們會隨著我們年齡的增長而變成我們人生不可或缺的財富，這些財富可不是看書本、花金錢能輕易得到的東西。

所以，說「不會」之前，一定要慎重考慮，讓我們鼓足勇氣，拋開面對困難的膽怯心理，勇敢地迎接困難的挑戰吧！

130

3、拍馬屁，拍到對方心坎裡

情景設置

A、B（年紀為四十歲，長相較成熟）談話——

A：您顯得真年輕啊！

B：你知道我多大啊？

A：五十？

B：（皺眉不悅）

A：那我猜的年齡和您的差幾歲啊？

B：十歲！

A：我就說嘛，您看起來一點都不像六十歲的。

生活和工作中，拍馬屁有時候是必須的，但怎麼才能把馬屁拍到最好，什麼樣的馬屁才算拍到最好？其中涉及到拍馬屁的一個「尺度」，這是馬屁拍得好壞的關鍵因素。

大致來說，拍得好的馬屁，既不能讓人感覺到你在拍馬屁，又能坦然地接受你對對方的誇獎，做到這樣的程度，這馬屁算是拍到家了！所以說，能夠將馬屁拍到無形，既能讓聽的人面子上有光，又不會覺得肉麻，絕對是一門很深的藝術。

會拍馬屁的人大都是嘴巴靈光的人，這種人擅長看別人的臉色，懂得說話的藝術，他說出話來讓人愛聽，而且愈聽愈舒服，覺得他說得非常有道理，即使是在誇獎對方也會讓人渾身暖洋洋的。有些人很鄙視會拍馬屁的人，甚至說他們是「馬屁精」，而且鄭重地表示自己一定不會做那種人。

這裡我要說明，我是非常贊成在某些場合、面對某些人的時候用「拍馬屁」這一招的，這時候能把馬屁拍好，其實是一種很厲害的本事，比起蒼白無力、無法圓場的談話來說，可是實用多了！

現代社會，人與人的關係非常微妙，靠的是真本事。每個人都愛聽別人說好話，幾句好聽的話可以很快拉近人和人之間的距離，緩和人和人之間尷尬的氣氛，調節人和人之間的關係。

千萬別覺得「拍馬屁」是一件丟臉的事情，能把馬屁拍好了，你的運氣自然也會隨之而來的！

中國自古就有「拍馬屁」的事例，很多事情都是在「馬屁」中辦成的。拍馬屁基本上不需要什麼金錢成本，只要練就一副好的口才，上嘴唇碰下嘴唇就能把話說圓了，把事辦成了。

南宋時，有個叫韓冑的人，他是個宰相。這位宰相大人在都城臨安吳山修建了一座豪華別墅，名叫「南園」。南園中有很多精美的造景，小橋流水、竹林花叢、假山美石應有盡有，一派悠閒的田園風光。

有一天宰相大人在自己家的園子裡蹓躂，玩來玩去總感覺園子裡好像缺少了什麼似的。原來這園子雖然看起來有一派美妙的田園風光，卻缺少了農家一般具備的東西……看家狗。

宰相大人的話音剛落沒多久，園子裡就傳來了「汪汪汪」的狗叫聲，跟園子的景物正好配合相當。宰相大人非常開心，原來是臨安的趙知府聽到宰相大人的話之後立刻在園子裡學狗叫，以彌補宰相大人的缺憾感。這馬屁簡直拍得太及時了，宰相大人被哄得哈哈大笑，立刻破例提拔了這位「機靈」的知府為工部侍郎。

這個侍郎從此便被人家叫做「狗叫侍郎」，這個拍馬屁的例子雖然有些不很光彩，可它說明了一個道理——拍馬屁，只要拍到合適的程度，就能夠為我們帶來很多意想不到的收穫。

朱元璋喜歡釣魚，有一次他在後花園湖面釣魚解悶，誰知道釣來釣去魚兒就是不給面子，好長時間一條魚也沒釣上來。朱元璋愈釣愈生氣，對著湖裡的魚大發脾氣。這時候一個小太監看皇上臉色不對，連忙向前進言勸慰道：「皇上一會兒一定能釣到大魚。」

誰知道過了一會兒，陪皇上釣魚的大臣卻釣到了大魚，而朱元璋依然什麼都沒有釣到，這下子

他徹底發火了，正在龍顏大怒之際，翰林院大學士解縉獻詩一首：「數尺絲綸落水中，金鉤拋去永無蹤。凡魚不敢朝天子，萬歲君王只釣龍。」

這話一出口，朱元璋立刻龍顏大悅！

當皇帝的平時聽到的奉承還少嗎？可是此時他聽到解大學士的奉承之後，心情頓時大好。可見，這馬屁拍得極其到位，也正是好處。

這馬屁先貶低了那些不給面子的魚，說牠們是凡魚，然後把皇帝的地位抬到最高，天子萬歲，皇帝釣不到魚跟技術好不好沒關係，全是魚的問題，試想，凡魚怎麼配得上萬歲來垂釣呢？萬歲是釣龍的。從此，朱元璋對那位大學士喜愛有加。

有個朋友絕對是屬於那種會說話的人，他往往能將好話說到最合適的地方。

有一次他代表公司去看望德高望重的退休前輩，這些退休前輩雖然已經離開了公司，卻曾經對公司的發展做了很大的貢獻，依然享受公司的津貼。他對一位身體不是很好，卻還是在退休後去公司上班的老人說：「老前輩，您是我們公司裡最資深的主管，但我有很多事情不得不說您幾句。您看看您為公司做了幾十年的貢獻，退休了依然為公司發揮餘熱，卻一點也不愛惜您的身體！我們這些年輕人都沒您這麼大的工作熱情，帶病為公司工作！您這要是因為工作再生了病，公司得遭受多

134

大的損失呀！您這樣是不行的，您雖然是我的最高榜樣，但您這次一定得接受我的意見，找機會好好休息一下，不然我們這些年輕人都沒臉再休息了！」

這位老人被他說得大笑不止，拍著他的肩頭連連道：「你這毛頭年輕人，一張嘴巴好厲害，看來我不聽你的都不行了！」

這件事之後，老人還經常跟現任負責人打聽那個會說話的朋友，甚至建議把他的職務換到宣傳部門。之後，朋友經常跟這位老人下棋、喝茶、聊天，他的升遷之路在老人的關照下走得愈來愈順利。

拍馬屁，拍得好能拍出好成績，拍得不好卻也能壞事，不可不慎。

杰亮的上司喜歡喝酒，經常喝得醉醺醺地就去公司上班。很多同事都討厭看到這個爛醉如泥的上司，討厭他滿身的酒氣。杰亮雖然也不喜歡這個上司，但是他總想找機會跟上司拉近關係。有一次上司又喝醉了，杰亮扶著上司去辦公室，瞻前顧後替他端茶倒水，上司說：「唉，不是我想喝酒，一遇到這樣的應酬大家都來敬酒，我推辭哪一個也不好，結果一喝就喝多了！」

杰亮道：「您是本公司的決策者嘛，大家當然都要向您敬酒了！像我們這樣的無名小卒，想要

去倒酒還沒機會呢！」

上司說：「一切都是為了工作嘛！」

杰亮說：「就是嘛，您是我們的主力，為我們做貢獻，您喝酒是為了更順利展開工作。您看您為了工作喝酒，都不計較酒後傷身，我們才真該多向您學習。」

這一席話說完，上司並沒有對他展露笑顏，且用怪異的眼光看著杰亮，坐起身子道：「我雖然喝多了，也沒醉到不省人事。你說這些話究竟是什麼意思？我知道你們這些人都討厭我身上的酒味，有什麼不滿意的就直說，別在這拐彎抹角！」

杰亮一下子傻了眼，自己明明是在討好上司，沒想到對方聽了之後不滿，竟然惱羞成怒。杰亮後悔不已。

拍馬屁，是一門很深的說話藝術，我們要會說話，要會拍馬屁，待我們的「馬屁」拍到毫無痕跡，卻讓人心安理得地享受這些話帶來的愉悅時，我們的馬屁功夫就到家了！

136

4、彈性說話留有餘地

情景設置

A（上司）、B（職員）第一次談話──

A：這個工作你能做好嗎？

B：放心吧！保證可以完成任務！

A（上司）、B（職員）第二次談話──

A：工作怎麼沒做好？上次你還立軍令狀！

B：……。

彈簧之所以不容易被折斷，是因為它具有一個很好的特性：彈性。而說話有彈性就代表在交際

場合上我們可伸可縮、可前可後、可進可退，更可以讓人八面玲瓏，如魚得水。

記得小時候大人送給我一個不倒翁，無論從哪個方向推它，從來不會摔倒。

我好奇地問：「為什麼不倒翁推也推不倒呢？」

「因為不倒翁是有彈性的，它無論受到怎樣的打擊，都會彈起來。所以無論你怎樣打擊它，都不會把它打倒。」

「彈性」能給自己說的話留有餘地，將來事情做好了當然沒話說，萬一有什麼不妥的地方，也不至於搞得太尷尬，讓別人覺得你只會說不會做，對你產生不信任感。

Vincent 是一個機械設計師，他的工作是設計工程使用的機械零件。

有一次公司舉辦技術改革，為了提高一套機械的效率，主管號召幾個設計工作者展開競賽，發揮各自的最大力量，設計一些更加完善的機械。這項設計工作有很大的難度，對 Vincent 來說，既是一個新的挑戰，也是一項艱鉅的工作，因為在一定的時間內做出最好的設計確實很不容易。

主管把 Vincent 叫到辦公室鼓勵他說：「Vincent，我希望你能挑起技術改革的大樑，這次的技術改革上層都很重視，也是你們年輕人施展才能的機會！你一定要勇於面對挑戰，不要辜負大家對你

138

的期望！」

Vincent 明白這次技術改革的壓力有多大，屬於不成功便成仁那種，他必然要接受考驗，但是怎麼說才能讓自己的處境變得進退自如呢？他想到了「彈性」：「感謝主管對我的賞識，我一定竭盡所能不遺餘力地工作。但是也希望主管能理解我們，這次技術改革涉及到的層面和專業非常多，時間緊、任務重，需要大家分工合作協調完成。我們組裡幾個技術員分別擅長不同的技術層面，所以我希望在這次改革中，我們不要把技術組職權分得那麼詳細，技術改革涉及到哪一個環節，那個專業技術員就是我們的組長！當然，我們都直接受您的指派，您才是我們最大的長官。」

主管點頭道：「你說的這點上層也考慮過，如果這次技術改革不能成功，當然不能算是你一個人的過錯。這樣也好，我們把壓力和風險分散給每個組員，每人就能用肩膀分擔一些壓力，事情會做得更容易些。」

當然，Vincent 這種說法並不是在推卸責任，而是不讓自己把話說得太滿，以備萬一無法完成任務時有條後路。有時候情勢逼人，很多人就喜歡在危急關頭說一些志得意滿的話，可是當熱情褪去，他們才發現話說得太滿了，並沒有給自己留下一條後路。

說話的時候不知道適當的「明哲保身」，「彈性接納」某些意見，就無法讓自己進退自如。

這種彈性不是讓我們偷懶耍心機，而是教我們一種比較「中庸」的生活方式，其實就是說一些有彈性的話。這種方式可以保護我們，如同一個脆弱的玻璃杯，當它從高處落在堅硬的地面上時，一定會摔得粉身碎骨，而把它丟到一個海面上，它就會保持完好。

這就需要我們說話時注意一下尺度，在對別人點頭稱是之前一定要想清楚，有些事情我們是可以承諾的，有些事情可能會遇到困難，不可以貿然承諾。說話的時候要把握一個尺度，既不要把話說得太滿，遇到困難會把自己逼到角落裡無法動彈；也不要讓人家覺得對自己太沒有信心。說話要帶著一些彈性，替自己留下足夠的空間，可退可進，掌握自如。

Aubrey 對朋友很熱情，別人找他幫忙只要他能幫的一定會一口答應，甚至經常跟對方立軍令狀，而人們說起他這個人，也都是豎起大拇指，說他是一個十分熱情的人。可是有一件事卻讓他為難了，也深深嚐到了把話說得太滿卻做不到的滋味。

有位朋友打電話給 Aubrey：「你認識的人多，能不能借三輛賓士車給我當婚車用？」

Aubrey 答應：「這算什麼難事！我認識好幾個大老闆，借賓士車沒問題的，你等我的好消息吧！」

Aubrey 本來的確可以幫忙借到三輛賓士車的，可惜有位老闆需要開車出差，不能及時趕回來。

140

這下子可讓他為難了，一頭已經答應了朋友借車，一頭卻因為意外的情況借不到車子。他只好打電話給朋友：「我只借到了兩輛賓士車，另一輛人家開走出差去了，來不及回來！現在離你結婚還有兩天，你趕緊找別人幫忙吧！」

朋友道：「啊！你答應借我三輛的，現在就差兩天時間了，讓我去哪兒找啊！你要是借不到，當初別答應我啊！」

Aubrey 道：「我也沒想到我那個朋友開車出遠門啊！兩天時間應該能找得到別人幫忙了！」

朋友道：「我現在到處去買結婚的東西，根本抽不出時間來啊！怎麼辦？你答應我又做不到，讓我怎麼辦？」

Aubrey 因為話說太滿得罪了朋友，讓本來一件好事變得不愉快起來。如果當初他知道說話時多一些彈性的選擇，給自己多一些後退的餘地，現在也不會把事情弄得這麼僵。

如果他當初能這樣回答朋友——「好啊沒問題，你的忙我一定幫的！不過我雖然認識幾個開賓士車的老闆，但我不一定能一下借來三輛車給你的！你知道的，這些老闆會經常開車出去。所以我盡力能借到就盡量借到，如果實在借不到也沒辦法！趁現在還有時間，你再試著找別的人也去借，哪怕大家多借幾輛也比借不到好，對吧？」

兩種說話的方式都是對朋友提出的請求做出回應。只不過第一種回答得太過於肯定，絲毫沒有

替自己留下任何後退的餘地，這種情形一旦遇上什麼狀況，就不好跟別人交差。而第二種回答充分分析了借到車子和借不到車子的不同情況，對自己的承諾有所保留，給對方一個彈性的答覆，讓自己在遇到狀況時可以進退自如。

彈性說話，並不是怯懦的表現，畢竟很多事情的發展都是無法預料的，並不能夠以我們的意識為準則。如果想讓自己在工作、生活中不被自己的話逼到絕境，那麼我們就要記得千萬不要把話說得太滿，主張彈性、有保留地說話。

5、我知道有誰可以幫忙！

情景設置

A向B（一群朋友）問路——

A：小姐，您好，請問××路怎麼走？

B：不知道！

A：那您的朋友誰知道嗎？

B：他們也不知道！

A：……。

有一位著名的企業家招募秘書，他對前來應徵的人出了一道很著名的題目：假如你是一個電腦

銷售員，有位顧客前來買筆記型電腦。你賣給顧客以後，卻發現賣給他的價錢比標價整整少了一萬元，也就是說你少賣了一萬元。這個損失非常大，你的經理要你寫一封信給那個顧客，說明情況並要回一萬元。你該如何寫這封信？

據說這個問題並沒有標準答案，而這位著名的企業家也不是想用這道題目來考驗應徵者的智商，其實，他對於挑選秘書另有標準。

第二天，三位應徵者帶著他們的答案趕來，前兩位應徵者思路各有不同，他們卻都沒有被選中。

而第三位應徵者的答案卻有好幾種思路，原來他回家以後發動了盡可能的力量，幫助他來思考這個問題，而他找的人之中也有一位著名的經濟學家，所以他的答案相對於其他人就顯得比較專業而開闊。

聰明的方法是：這個人在一天的時間之內找到了所有可以幫助自己的人，更完美地解決問題。

企業家選擇了第三位應徵者做他的秘書，他的解釋是：我並不要求我的秘書有多聰明，我只需要他是一個可以調動身邊可以利用力量的人，當他遇到困難需要解決的時候，他知道該去找誰，知道誰可以幫忙！

俗話說三百六十行，行行出狀元，也有俗話說：人無完人。所以一個人或許是開車技術方面的能手，或者可能是一位非常出色的教師，也可能是非常著名的廚師、銷售能手，無論是什麼行業的

144

狀元，在工作、生活中都不可能將所有問題都輕鬆解決。

還有一句俗話說隔行如隔山，由於專業領域不同，再厲害的司機也不見得能做一頓大餐，再強勢的銷售員也不見得會把車子開好。所以說人無完人，每個人都有不同的特點，也擅長不同的技術。

當我們在工作中、生活中遇到困難的時候，如果這個困難並不是我們擅長的專業，與其硬著頭皮做下去也是一籌莫展，「我知道有誰可以幫忙！」是最方便、最快捷的一條道路。

三人行必有我師，找到合適的人來做合適的事情，才能更佳完美地完成任務。如果一味地靠自己，哪怕你絞盡腦汁，對自己不熟悉的行業也會一籌莫展。難道為了一份工作，你就要從頭開始去學習那些不同的專業嗎？即使你有信心去學，一旦在工作中需要你使用另外一種技能時，難道你還要去學嗎？

這個時候，最能夠幫助我們的一句話就是：「我知道有誰可以幫忙！」我們大可以去找一個專業人士來幫助我們，運用他人的專業，完成自己的任務。

張先生在劇團打工，起初跟著團裡琴師學習拉琴，學了一段時間又轉而改學笛子，學了很久笛子之後又轉而學習表演，學了表演又去學燈光，學完燈光又研究編劇。十年來他學東西總是不太專一，什麼都想學一學，而跟他一起拜師學藝的朋友早已經成了專業的琴師、演員、燈光師和編劇，

相較之下張先生卻顯得「一無是處」，所以只能被安排在劇團裡打雜。

有一次劇團裡在排練一個大型的演出，涉及到歌舞、雜技、戲曲等等內容，而劇團人才散落卻讓主管一籌莫展。這時候與張先生一起工作的小李說：我知道張先生可以幫忙，而此時張先生也正好主動請纓，他根據自己對不同職業的認識，迅速為每個表演項目找到了合適的人選，順利地完成了這次表演任務。

我們不是萬能的，現實中，也許我們只擅長某一項工作，當我們因為不擅長的工作所產生的壓力迎面而來的時候，我們要學會如何規避風險，知道誰是這方面的專業能手，知道找誰來幫忙，問題常常就能迎刃而解。

張先生雖然不是一個「好學」的人，但是他確實是一個善於觀察、善於調節的人。他在學習不同技術的時候，已經把這些技術的關係網絡摸得一清二楚，所以才能夠在危急關頭調動各種不同的關係，把不同專業的人安插在不同的位置，讓他們在自己的專業區域發揮最大的作用。

「我知道誰可以幫忙」，並不是一句容易做的話，這需要我們平時練就一雙可以識人的眼。人際關係在工作中有著非常重要的地位，很多時候人際關係如果處理不好，即使我們知道誰可以幫忙，也不見得人家能夠真的願意過來幫你。所以把人際關係處理好，在需要幫助的時候，我們可以用自己的好人緣輕而易舉地贏得他人的幫助，比起那些平時沒人緣、求人時到處拉關係抱佛腳的人要容

146

　比如在傳統農村，每到殺年豬的時候，村子裡其他的人就會趕來幫某家人忙，大家殺豬的、切肉的、拌餡的、灌香腸的、醃製火腿的各有各的分工，村子裡很多人自主來替主人家幫忙，當殺完年豬以後，村子裡的人又會聚在主人家一起吃飯。這個時候就能看到主人家在村子裡的人緣了，人緣好的主人家來幫忙的人特別的多，大家幹活、吃飯都特別熱鬧；人緣不好的主人家，來幫忙的人零零散散，吃飯的宴席也冷冷清清。這也說明，人際關係對我們的工作、生活都是非常重要的，因為有時候我們遇到困難，即使知道誰可以幫助我們，可是已與他關係交惡，肯定就不能夠請得來幫忙。

Case B

　在水泥鋼筋築起的高樓中，很多人在同一棟大樓住了幾年可能都互相不認識。不過，Alice 卻是社區裡有名的好人緣。這不是為別的，主要是 Alice 經常主動幫忙鄰居，看到隔壁叔叔、阿姨提著沉重的蔬菜、包裹上樓，她總是搶先一步上去幫忙；有鄰居的小孩子晚上生病，Alice 不辭勞苦地開車送他們去醫院。Alice 所做的很多好事讓大家認可，當她遇到困難時，也有很多鄰居、朋友紛紛出手相助。

　有一次 Alice 的母親重病，適逢醫院沒床位，Alice 的母親因為找不到病床只好在醫院急診室等待

床位。Alice 心疼母親，卻對此一籌莫展。後來還是陪著來醫院的鄰居說：我想到誰可以幫忙。原來與 Alice 同一棟大樓有位醫生就在這家醫院工作，她一著急起來就忘了，所以連忙打電話向他求助。

醫生聽說是 Alice 的事情，有感於她平時對大家都很好，立刻答應幫忙，第二天一大早就去醫院替 Alice 的母親找到一個床位。

又因為 Alice 平時工作較忙，曾經受過 Alice 幫助的鄰居也自發性地輪流安排幫 Alice 陪床，讓 Alice 感動不已。

Alice 的故事告訴我們，既要多觀察身邊人的不同情況，瞭解不同的人有不同的專業技能，又要和大家搞好關係，平時對他人多一些關心，多一些幫助，把別人拜託你的事情多放在心上一點，對別人的求助要盡力而為，才能在我們需要幫助的時候，贏得別人的同情和幫忙。

其實，一句「我知道誰可以幫忙」對於身處困境的人能發揮巨大的作用，只是一個小小的善舉，便可以得到別人的認可，豈不划算？

6、打圓場 ≠ 和稀泥

情景設置

A與B吵架，C勸架——

A：％ ￥#@&&&……。

B：8％ ￥#％ ￥#……。

C：你們不要吵了，沒有勝利的吵架是沒有意義的！

B：％ ￥#@&&&……。

A：％ ￥#@&&&……。

C：我說錯什麼了嗎？

在社會的人際關係中，處世能力關係著一個人的成敗，而打圓場是一種非常重要的處事能力。

因為在很多場合中，由於在場每個人的性格不同或者言語相衝等等意外事件，會發生讓人非常尷尬的情況，又或者是在場的一個重要人物遭遇意外情況，一時間找不到臺階下，臉上掛不住，原本應該圓滿結束的場合也許會因此而蒙上陰影。

這時候就需要一位能夠拯救全場尷尬氣氛的「超人」出現，這個「超人」不需要有強健的體魄，也不需要有特異功能，更不需要把內褲穿在外面，僅需要他說些什麼來打個圓場，就能夠拯救所有人。

在這方面，清朝大貪官和珅是箇中高手，大家都很清楚，他之所以能夠從一個無名的隨從變身為皇帝身邊最信任的一個高官，就是因為他具有很多別人不具備的處世能力，其中就包括打圓場！

有一次乾隆皇帝召集各大臣在後花園裡邊賞花邊商談國事，眾大臣圍坐在皇帝的四周其樂融融地說著話。忽然乾隆皇帝「噗」地一聲放了一個屁，聲音很響，四周的大臣們全都聽到了。皇帝如此不雅，眾位大臣立刻緊張起來不知道該如何是好，這要是讓皇帝丟了面子，那龍顏大怒起來可不是鬧著玩的。

關鍵時刻，和珅起身誠懇地跟大家道歉：「實在對不起大家，我肚子不舒服，剛才出了個虛

150

恭。」說完他的臉就立刻紅了，跟真的在害羞一樣。大臣們哄然一笑就過去了。乾隆皇帝因此輕鬆過了一個面子關，因為和珅幫他打了圓場，從此他對和珅更是寵愛有加。

一個年輕人畢業以後到一家公司工作。因為他的學歷很高，人長得也很不錯，所以格外受到主管的重視。公司的主管一直把他當作重點對象來培養，也對他寄予了很大的厚望，希望將來他能夠接管一些更高層的主管工作。

於是那個主管經常帶著這個年輕人出席各種會議，參加各種酒場，希望能多鍛鍊一些他的能力。

有一次在酒席剛剛開始的時候，主管肚子不舒服，突然放了一個響屁，所有人都舉著酒杯瞪著眼睛看向主管和那個年輕人，主管十分尷尬，希望坐在他身邊的年輕人能出來擋一下，沒想到這個年輕人竟然也跟大夥兒一樣看向主管。

酒席過後，這個主管再也不帶這個年輕人參加任何活動了，對他的提拔也一拖再拖，一度對待他的態度非常冷漠。這讓那個年輕人有些不知所措，後來請別人打聽，那個主管說：「他連『屁』大點的事都不敢去承擔，我還能把什麼重要的職務交給他呢？」

這兩個故事雖然都是笑話，我們卻可以看出「打圓場」的重要能力。「打圓場」是一種處世能力，

會「打圓場」的人能夠把尷尬的氣氛、冷漠的現場一下子活絡起來，讓大家對出現的尷尬一笑置之。

「打圓場」並不是平時人們說的「和稀泥」，前者是從善意的角度出發，用輕鬆、幽默、溫馨或者真誠的話語去緩和緊張的氣氛，調節人際關係。這是一種非常積極的語言方式，需要帶有一定的技巧，也能夠展現我們為人處世的一種能力。一般用來「打圓場」的話都會「揚長避短」地說，畢竟對與錯、真與假是相對的，「打圓場」就是得體地避開難題，只挑好聽的話說，只選長處來講，針對不同的情況，用語言巧妙地做解釋，或者用語言來迴避尷尬的話題，讓聽眾在你語言的帶領下換個角度來思考，換一種方式去理解，自然可以更佳地緩和氣氛。

「幽默打圓場」，正是化解尷尬最好的辦法。幽默的話可以讓人轉悲為喜，逗人開懷，讓人們在笑聲中恩仇全泯。這之中有時候也帶著恰當的奉承語言，卻不是油腔滑調的狡辯。會「打圓場」的人往往懂得察言觀色，在關鍵時刻才能夠挺身而出，幾句話便可以讓大家擺脫苦惱。

「打圓場」可是一門不淺的語言藝術，很多時候一種話和另一種話雖然是同樣的意思，說出來卻能讓人有的哭、有的笑。

有個打鐵的師父收了一個小徒弟，小徒弟學藝完成後打算自己開一間舖子打鐵。

他的舖子開張第一天，師父就過來替他捧場，這時候有個顧客前來，拿著一把破舊的鐮刀請小

Case C

徒弟修好。小徒弟看見這把鐮刀破得不像樣，開口就說：「這麼破的鐮刀還用修嗎？還不如直接買個新的呢！」

那顧客聽了就很不高興，師父趕緊打圓場，笑道：「這位客官一看就是樸實之人，勤儉持家。所謂由儉入奢易，由奢入儉難。一把鐮刀就能看出是持家有道的人！」顧客聽了轉怒為喜，拿了修好的鐮刀開心地走了。

第二位顧客來的時候，手裡拿著一把新菜刀，告訴小鐵匠說這把刀看起來新穎卻非常鈍，而且不好用，希望小鐵匠能替它修整一下。

小鐵匠拿起菜刀一看，不由得皺眉道：「這麼重的菜刀拿到手裡只感覺沉重了，好用才怪！」

顧客聽了便不高興，心想這不是罵我不會買東西嗎？師父連忙打圓場道：「這位客官一看就是健壯之人，一般人別說拿這菜刀切菜了，提一會兒胳膊都會痠痛。可見客官好體力啊！」

顧客一聽，便點頭道：「老師傅您說得真對，我從小就練武功，到是練了一身蠻力，要是打起架來，三兩個人都不得近身。可惜沒什麼好做的工作，只好去學了廚藝，挑菜刀都不會挑，只挑沉甸甸的一把就買了！」

師父笑道：「所謂三百六十行，行行出狀元，這位客官既會武功、有武有力，又將要學得一手好菜，您將來可謂前途無量！」

師父一番話把顧客按捺地舒服極了，拿著修好的菜刀回去，還不斷地邀請師父去自己的店裡嚐嚐手藝。

這位師父的機智讓那個愣頭愣腦的小徒弟少了不少的口舌之爭，靈活的語言讓顧客滿意而歸。

「打圓場」巧妙地運用了聽者的心理——誰都願意聽好聽話，專門挑好聽的說，把之前因為話不投機而產生不愉快的氣氛轉化為善意的玩笑，讓別人面子上有光，當然就好說話了。

我們在工作、生活中都不要小覷「打圓場」這個能力，在一個尷尬的場景中，如果你能在危急關頭挺身而出，巧妙地「打圓場」解圍，你所展示的這種處世能力將會展現在別人眼裡，你也將會比他人獲得更多的機會。

一個能「打圓場」的人其實是一個很會處世的人，這樣的人所到之處都會受到大家的歡迎，也比較容易受人尊敬。若想要成為一個會「打圓場」的人，一定要多多顧及別人的心情，觀察別人的一些反應，學會「看別人臉色」行事，懂得如何運用幽默、好聽的話來緩解氣氛。如果我們掌握了「打圓場」的說話技術，將來我們在工作、生活中將會大受裨益！

第五篇

一句情話抵萬句

1、一句開心話，贏得一顆心

A、B、C聊天——

A：B，妳臉上怎麼長皺紋了？

B：……。

C：哈哈，「老了」！

A：C，妳得意什麼，妳的也不少！

C：B我們走吧！

人的一生，若是從愛出發，並能一路與愛相伴，在生活中就會獲得詩意和快感。所以，你可以

158

把塵世的一切浮華與一切羈絆都丟掉，但你一定要學會說出那句讓別人開心的話。

所有的人都喜歡聽一句開心的話。有的話，能讓初次相識的人聽了驚魂動魄；有的話，一說出口就能讓別人感覺溫暖和舒心。一句話能讓別人感覺到春暖花開，一句話也會讓別人覺得天空陰霾，你的一句話能帶給別人開心快樂，讓整個世界處處都如溫暖的春天。但怎樣讓說出去的話去贏得一顆心呢？

其實那一句讓別人開心的話很簡單，當你與他或她相處時，可以針對自己和別人的一些小口誤或小缺點，或是滑稽有趣的行為、特徵進行揶揄戲謔，只要「調」的得體、「侃」的巧妙，不但能幫你順利實現預期的交談目的，還能達到意想不到的言談奇效。不過，在交談過程中切忌拿他人的短處開玩笑，所謂的「打人不打臉，說人不揭短」。如果和他人來往的時候，偶然出現了一些尷尬的狀況，可以透過「調侃」來調劑，就完全能讓原本尷尬的氣氛變得融洽和諧起來。

Lucy 工作認真負責的態度和乖巧的性格，讓她在公司裡得到了大家的喜愛。在她二十四歲生日的時候，幾位同事為她舉辦一場精美溫馨的小型宴會，當晚的氣氛非常歡樂。

當時公司裡的很多人知道 Rhett 和 Bill 都在追求 Lucy，於是同事們藉機起鬨要她在 Rhett 和 Bill 之間選一個跳舞。也許是那晚 Lucy 喝了點酒的緣故，正在她邁步向前走的時候，腳忽然滑了一下，

碰到了托盤裡的酒杯，頓時杯子碎了一地。雖沒傷到人，但顯然Lucy被嚇到了，她愣愣地看著腳下的碎玻璃不知所措，人們頓時也安靜下來。這時Rhett跑過來，對著發愣的Lucy關切地說：「沒傷到吧？怎麼這麼不小心？」Lucy看了一眼Rhett，一時竟然不知道說什麼好。

這時Bill也走過來，他拍了拍Lucy的肩膀笑著說：「哈哈，不愧是咱公司的大美女哦，每個酒杯都爭著、搶著要和美女跳舞，結果掉地上了吧？大家說是不是啊？」Bill的話一說完，大家就都心領神會地開始起鬨，有鼓掌的，有吹口哨的，氣氛一下子又活躍起來。Lucy感激地看了Bill一眼，眼中充滿溫情。

當然，最終這支舞Lucy選擇了和Bill一起跳。

Lucy是晚會的主角，因酒杯的碎裂使得宴會的場面有些尷尬。而Bill的那番調侃則很及時地幫Lucy解了圍，而相較之下Rhett顯然缺乏這種隨機應變的說話技巧，Bill幽默的調侃，不但重新活躍了宴會的氣氛，而且又巧妙地讚美了Lucy的美貌，既愉悅了眾人又贏得了美人心。可見，那句別開生面又機智的「暖心話」是多麼重要啊！

愛情與婚姻永遠逃不開親密的聯繫，戀人之間的說話技巧十分重要，尤其是夫妻之間朝夕相處，時間久了免不了會有些小摩擦，往往會因為一句不順心的話或一件不順意的事產生誤會，使自己置

身於尷尬的境地。這時，聰明的人不妨拿自己來「尋開心」，故意調侃一下自己的缺點和錯誤，這樣往往會讓自己化險為夷，並且也能讓對方的情緒緩和，大家自然也就心情舒暢了。

長風是個酷愛畫畫的業餘畫家，他人長得帥氣，雖然個子不高，穿衣打扮卻很有自己的風格和魅力，為此妻子總是擔心長風會在外面做出對不起自己的事來。不過，長風很愛自己的妻子，為了不讓她長年疑神疑鬼，所以無論去哪裡都把妻子帶在身邊。

有一次，夫妻倆人去郊外一處風景秀麗的森林公園寫生，恰巧帶的水喝完了，妻子便一個人去買。這時忽然跑來一位長髮美女，一過來就拉住長風激動地問長問短。原來這是長風的大學同學，由於多年未見，認出長風的那一時間有些激動，拉住長風的手又跳又叫，甚至還給了長風一個大大的擁抱，而這一切恰好被買水回來的妻子看個正著。長風察覺到了妻子的不悅，但他還是禮貌地把妻子拉到女同學面前做了介紹，妻子倒也沒有說什麼，雖然和他的同學禮貌地打了招呼，但是長風看得出來她的臉色難看極了。

事後，兩人一回到家裡妻子皺著眉頭爆發了：「同學多年未見也不至於親熱地抱在一起吧？」

長風一臉無辜說道：「老婆大人在上，請明鑑，小民冤枉死了啊！想我素來懼內，天下人皆知，唯老婆大人之命是從，再說，家裡財政大權又在您手裡，我個子又不高、口袋沒半毛錢，誰看得上

我啊？老天可憐我，答應給我一個天使，於是把您派到我身邊，您出於同情和憐憫才收留我，給我一個溫暖的家，還為我洗衣做飯，我要知恩不報、泯滅良知，老天爺會讓雷劈了我啊！老婆大人，您可要三思啊，還我清白啊！」

一番奉承話下來，老婆的臉上早已陰霾散去，她裝作生氣的樣子拉著長風的耳朵說：「哼，你就知道貧嘴，這樣知道痛了吧？」

長風連忙回應：「不，不，這叫『痛，並快樂著』，我知道您是執子之耳要與子偕老也，既要與子偕老，可不許事事小心眼，東想西想，咱倆要快樂地過一輩子呢！」妻子聽後莞爾一笑。

一場潛在的不愉快，就在長風「掏心掏肺」的好聽話面前煙消雲散。確實，生活中夫妻雙方如果有一方在出現不愉快時，能夠以幽默詼諧的語氣和對方進行溝通，怎麼可能還會有吵架的事情發生呢？

夫妻雙方在日常生活中，總是會遇到各式各樣複雜的情況，這就需要夫妻中任何一方要有較強的語言應變能力，這種應變力不僅可以為你化險為夷，更能為你們的夫妻感情增添不少情趣。

而現實中有的夫妻，卻常常因為觀點不一樣爭論不休，情緒控制不當時，就會讓衝突升級，經常是好多天都互不理睬，鐵了心要將冷戰堅持到底。當然，在冷戰期間，雙方心裡都有各種不舒服，

都等著對方來開口道歉。其實，只要這時候有一方率先用輕鬆幽默的語言來打破這種僵局，出現衝突的兩人就會很快和好如初。所以，開口說一句緩頰的話，有很難嗎？

某日傍晚，妻子和丈夫因為一項家用的支出有了爭執，妻子一氣之下飯也不吃了，關上房門再也不出來。丈夫坐在客廳和孩子閒聊，故意聲音很大。

丈夫：「兒子啊！你媽媽現在就像我現在在用的那款美觀時尚的手機。」

兒子：「為什麼呢？你在誇我媽媽前衛、時尚、漂亮囉？」

丈夫：「哪裡啊！你看，錢一用完，她就不跟我說話了。」

妻子聽了之後，走出房間坐到丈夫身邊嗔怪道：「瞧你說的，我哪有那麼小氣？」

每個人都希望有個完美的婚姻和美滿的家庭，每對夫妻的婚姻都會經歷一個磨合的過程。家庭的幸福就像美麗的鮮花一樣，需要拿出耐心來澆灌，還要用包容心給予營養和肥料，夫妻間一定要以責任心和包容心來對待平淡的生活。生活裡遇到的一些事情不要過於計較，只要對方深愛自己就夠了。

對另一半的優點給予欣賞和讚美，另一半的缺點給予接納和包容，互相體諒互相關心，多一分愛就多一分情，多說了一句使對方心情愉悅的話，就能多贏得對方的一點心。那麼時間久了，夫妻感情就會不斷鞏固，情比石堅。

2、天啊！不要再說這種話

A、B戀人吵架——

A：既然妳這麼不喜歡我，那我們就分手！

B：分手就分手，是你提出來的！

A：妳以為我不知道××與妳的事嗎？

B：你污蔑我，太讓我失望了，我才要跟你分手！

A：別……我只是一時氣話……。

當最初的熱情趨於平淡，日子也就剩下了柴米油鹽，而人的本性卻又是不甘於平淡的，或多或

少都想要再次尋找到一種新鮮的刺激感。不過，當這種新鮮感一旦尋找到，此時的婚姻似乎不再有

著情比金堅的魔力，變得像是玻璃做的一樣易碎，稍有不慎就會被破壞，當這樣的矛盾出現在婚姻

中時，如果我們處理不好，必然就會讓當初信誓旦旦的雙方從此分道揚鑣。

山姆洗澡的時候，海倫照例收走了他換下的衣物準備去洗，忽然她在山姆的口袋裡發現了一張

寄往三藩市的郵寄收據，上面寫著「丹收」。海倫知道，丹是山姆過去的戀人，她是個漂亮迷人的

金髮美女，若不是山姆當初的一次破產，那麼現在山姆的太太應該是丹而不是海倫。當時，海倫一

直喜歡著山姆，在山姆生意受到重創的時候，她勇敢地來到山姆身邊，發下誓言要和山姆一起打拚，

直到奮鬥的艱苦日子過去，到現在他們終於擁有了一家規模很大的公司。

最近三個月來，海倫發現山姆每次回到家裡不再像過去那樣逗弄孩子、哄孩子睡覺、與自己談

論一些公司的事了，他總是把自己關進書房一副心事重重的樣子。海倫也問過山姆發生什麼事了，

山姆回答的含糊其詞。直到這封信擺在眼前，海倫才明白，原來是丹讓山姆變了。

這天是週末，山姆在書房裡關著門打電話，海倫只聽到了一句：「妳不要和海倫談，請別傷害

她，給我一點時間讓我想想！」海倫猜想那通電話可能是丹的。她努力控制自己的情緒，沒有推門

進去，她走到客廳的沙發上坐下來，回想起自己與山姆生活的點點滴滴，她沒想到自己和山姆在經

歷了共患難之後，依舊沒能守住這份得之不易的相守。

她還記得那年冬天，山姆因為生意失敗連房子都要抵押給銀行了，丹知道後大罵山姆是個笨蛋，

然後又說她要和父母搬去三藩市了，他們必須分手。山姆難過極了，整日酗酒解愁。而海倫一直默

默安慰和鼓勵著他，讓他相信一切都可以重來，為了幫助山姆，海倫甚至賣掉了父母留給她的房子，

用那筆錢做為山姆東山再起的資金，而山姆也沒有讓海倫失望，終於把他的生意做得有模有樣。

他們結婚那天，海倫感覺到自己是最幸福的女人，因為山姆鄭重發誓要用一生的愛來回報海倫，

因為沒有海倫盡心盡力的幫助，就沒有自己今天的成就，所以他會珍惜海倫一輩子！的確，他們結

婚十餘年，山姆對海倫一直是寵愛有加。

想到這裡，海倫站起身禮貌地敲了敲書房的門，告訴山姆她要和他談談。

山姆打開房門，用一種很嚴肅的表情對海倫說：「海倫，來，坐下，我也有事和妳說！」海倫

用力呼吸了一下，穩定一下情緒微笑著坐到山姆的對面。

「海倫，丹聯繫我了，現在她過得並不好，我就寄了一些錢和東西給她，可是她卻想回到我身

邊！我們結婚這麼多年，妳知道我對妳怎麼樣，我從沒有做過什麼讓妳生氣的事，可是我忘不了丹，

我不知道怎麼辦！妳要是生氣可以打我、罵我，可是妳要告訴我該怎麼做！」

「我們結婚這麼久了，我不單是你的老婆，更是你的朋友，謝謝你能主動告訴我這一切，你不

是生意場上的一件物品，你有自己的思想，沒有人能左右你的選擇，這是我要告訴你的。」海倫說，

「放心，我不會那麼沒有禮貌地指責你，更不會去和丹大吵大鬧，因為這是你的私人問題，請原諒，我不會站在你身邊和你一起去解決這件事。婚姻裡不該有第三者，這是對愛和婚姻的最起碼的尊重，所以我給你一個月的時間去處理你的情感，請你認真思考一下我們生活裡的點點滴滴，如果你能徹底忘卻，那麼你就和丹一起生活，而我會從你的生活裡消失，如果你能徹底忘卻，那麼你就和丹一起生活，而我會從你的生活裡消失！現在請讓我冷靜一下，你可以暫時搬出去處理你自己的問題了，希望你回來的時候，我們家從此不會再發生一丁點類似的事件！」

最終，山姆走了，不過僅僅在一週後他就捧著一大束玫瑰花回來了。

其實，男人有外遇並不可怕，可怕的是女人沒有耐心與足夠的尊重讓他去處理。相信很多人以為海倫知道丈夫和丹的事後會與他大吵一架，並且哭訴指證他的忘恩負義，不過，讓人意外的是，她只是冷靜地告訴山姆，是山姆出了問題，這個問題她不會為他分擔，能夠坦然讓山姆獨自去處理這件事，海倫真是個大度的女人。不過，因為她知道山姆不是花心的無賴，那麼他很快就能掂量出敦輕孰重，所以，對於這張必殺牌她還是打得不錯的。

夫妻關係是非常特殊的一對社會關係，不過即使是再特殊的關係，也要遵循彼此尊重的原則，不要忘了該有的禮貌。也許有些女人覺得不可思議：「禮貌是給別人看的，跟自己的老公還講什麼禮貌？是他先破壞了婚姻的和諧，幹嘛還要給他留顏面？」殊不知禮貌是人際交往中一扇敞開的門，只有打開了這扇門，才有可能讓別人看到大門之後的美麗。如果，只是一味地關閉這扇門，任何人

168

都不會想去欣賞。同理，任何一位女人都不想留給老公壞印象，都希望老公欣賞自己，那麼為什麼不開啟禮貌之門，讓老公欣賞到真正的自己呢？

林曉可的老公是一家運動產品的銷售經理，由於長年奔波勞累罹患胃病，為此曉可費盡心思找那些養胃的食補方法。

一次她煲好了養胃湯，想要給老公一個驚喜。可是老公當時還在電腦前整理資料，林曉可耐著性子催了幾次要他趁熱喝，但他還是緊盯著電腦沒反應。曉可一心想到自己幾個小時的辛苦沒被重視不由得心生怨氣，於是衝著老公大聲道：「你怎麼還磨蹭啊？明明有胃病還不知道保養，當心得胃癌。」老公聽了這話當即臉色就沉了下來，用不可置信的眼神看著自己的妻子。當然，一番爭吵又要不可避免地發生了。

本來是好心，卻換來一番爭吵，曉可當然備感委屈。造成這種局面的根源在於曉可不懂得婚姻中也是需要禮貌的，如果她溫柔一些，禮貌地規勸老公：「你再忙一會兒就趕緊來喝湯吧！好嗎？你胃不好，我特意給你煲了湯，專門養胃的。工作等會兒再做也沒關係，可是湯涼了對養胃的作用就降低了，先喝了熱湯再工作精力會更好的⋯⋯」想想看，如果曉可能這樣「動之以情，曉之以理」，那麼她的老公還會與她吵嗎？我想，她的老公除了感激，對她的愛也會立即升級，哪個男人不想要

一個體貼的賢內助呢？

禮貌待人，和氣講話舉案齊眉的故事，講述了夫妻之間如何互相尊重，相敬如賓。做為妻子，對老公說話客氣，不要語中帶刺或者冷若冰霜，避免傷害感情。看看下面這兩組對話，你們更希望學習哪對夫妻呢？

A組：

妻子：你聽見了嗎？下班時別忘了給孩子買奶粉！

老公：我今天事情特別多，妳不知道啊？

妻子：事多就不管孩子了？有你這樣當爸爸的嗎？

老公：妳每天待在家裡有什麼好忙的？妳就不能去幫他買嗎？

B組：

妻子：你今天下班順路的話，替孩子帶點奶粉回來，可以嗎？

老公：嗯，我看看吧！有時間一定去買。

妻子……我今天有很多事做，你要是帶回來，就省得我特意去一趟了。

老公……嗯，好，知道了，放心，我一定買回來。

夫妻相處，由於太過親密，很容易忘掉人際中的「禮貌」二字。一開始可能彼此勉強容忍，時間久了，就會暴露出不耐煩，把對方當作洩氣的垃圾桶，毫不顧及顏面，結果傷人又害己。我相信很多夫妻都希望選擇像Ｂ組那樣相敬如賓，因為他們的對話親切融洽，這才像是一對互相尊重的夫妻。那麼這兩組對話為什麼又會出現不一樣的結果呢？關鍵是妻子的問話有禮，自然得到老公客氣的回答。如果妻子一副毫不客氣、頤指氣使的派頭，指揮老公做這做那，認為老公做什麼都是理所當然，老公能不心煩嗎？相對於夫妻中的丈夫也一樣，只要禮貌地對自己的妻子說話，並且不時來點小幽默，那麼家庭和諧也就不再是奢望了。

夫妻之間的衝突，多由小事引起，逐漸累積成大事，甚至導致分道揚鑣。所以，在日常生活中就要以禮待人，禮讓三分，是夫妻必修的婚姻幸福課。任何時候都不要粗魯、無禮地對待自己的另一半。婚後，人們很容易脫下禮讓的外衣，回歸真實的自己，很多人甚至認為結了婚就萬事大吉，從此沒有必要遮遮掩掩，因此大剌剌，毫不在乎。然而，誰也不願意被粗魯無禮地對待。

想想看，有哪位朋友到你家作客時，你會十分無禮粗魯地對待他？你絕不會隨便打斷他的話，對著他大嚷大叫：「天啊！你怎麼又說這種話！」你絕不會私自查看他的簡訊、網路留言，你絕不

會當著他人的面斥責他。面對另一半，相敬如賓，放棄粗魯、無禮的語言，更不要破口大罵。

有位丈夫備感傷心地說：「真是不明白，她為什麼常常為了一點雞毛蒜皮的小事就大發脾氣，我已經無法忍受了。」事實上，距離愈近傷害愈深，兩隻刺蝟抱著取暖，總會扎傷對方，只有維持適當的距離，既能體貼到對方，又要像對待朋友一樣，謙讓有禮，才會保持夫妻間的良好關係。

3、停在「內心舒適區」最危險

情景設置

A、B夫妻——

A：老公！幫我拿蘋果！

A：老公，我要優酪乳！

A：老公，你怎麼又把地弄髒了，快點擦擦！

A：老公……。

B：我受夠了，妳以為我是妳的奴隸啊！

A：老公……。

和整個宇宙相比，人的一生就是短暫的一瞬，關於一瞬間是多久沒有人能給出科學的定義，但是就在這一瞬間裡，生命的過程就完成，苦辣酸甜，百味人生。不過，舒適與否恐怕只有看當事人自己的衡量標準了，但是，我們都知道，對於人性裡「惰性」的那一面，我們不得不承認它給我們的感覺最舒適。也是這種最舒適的感覺可能就是造成我們對於人或是事而留下遺憾的原因之一。但是，如果人生只停留在一個舒適的環境下，那麼他根本就不會有任何作為。

瑪麗的丈夫是一家公司的總經理，總是在世界各地奔波，瑪麗是全職太太，兒子在台南的一家私立學校上學，兩個星期回來一次，且有個專職保母照顧，所以瑪麗每天的生活除了健身、美容外，就是和幾個朋友們喝茶聊天，其他的好像也沒什麼事情可做，

瑪麗其實很滿足自己的這種生活狀態，所以，總是有意無意地炫耀自己的舒適，大家也都很羨慕她。某天，有個朋友問起瑪麗的老公多久沒回家了，瑪麗竟然想不起來了。只說他反正有半個月沒給她電話了。朋友提醒她，男人總不回家，別是在外面有女人了吧？瑪麗輕蔑地一笑說：「他敢，妳別忘了，他那家公司我父親可是占了很大股份的，他若是敢在外面胡來，他會很快變成窮光蛋，他會拿自己的前途開玩笑？」

那個朋友想了想覺得也有道理，她知道瑪麗的娘家可是在當地響噹噹的人物，當初瑪麗結婚時，

娘家人還極力反對過，因為那個時候瑪麗的丈夫還僅僅是個小職員，皆因為娶了瑪麗才一步步高升，所以他是沾了老婆的光，才有了今天的成就和地位，他怎麼敢冒風險背叛瑪麗？

可是沒過多久，瑪麗和另外一個朋友喝茶時，那個朋友開玩笑地對瑪麗講起了在某個派對上看到瑪麗的丈夫和一個年輕的女子很親密的樣子，瑪麗哈哈大笑說：「我知道，那是他們公司的秘書，那次派對他想帶我去玩，我才不去那種亂哄哄的地方，況且，那是個商務派對，又沒什麼好玩的，我對做生意的那套完全不感興趣，那種場合會把我悶壞的！」那個朋友笑了笑，又勸瑪麗說，瑪麗應該去自己父親的公司鍛鍊一下，將來父親老了，她才能接父親的班，免得到時什麼也不懂，讓別人算計了。

瑪麗聽了此話，不置可否、滿不在乎地對那個朋友說：「我現在的生活不好嗎？要錢有錢、要閒有閒，公司那邊有我老公一個人就夠了，我去了說不定還給他添亂，再說我對公司的一切都不懂，我懶得從頭學了，放著舒適的生活不要，幹嘛非得給自己找事做呢？」那個朋友笑了笑什麼也沒說。

某天深夜，瑪麗接到了父親心臟病突發住院的消息，等瑪麗趕到醫院父親已經撒手人寰，瑪麗痛哭一場，人也一下子憔悴了。

父親的葬禮過後，丈夫理所當然接管了公司，成為了公司的總裁。丈夫升職沒幾天，就把那個秘書帶回家，更可氣的是，他們還抱著一個兩歲大的女孩。丈夫說那是他和秘書的孩子，現在他雖

不能給她們名分，但是必須把她們接回家，瑪麗要是不同意只有離婚了。

瑪麗有些傻眼，她按捺住心中的怒氣，讓丈夫滾蛋，可是丈夫扔給他一堆文件讓她看，那全是公司的內部資料，瑪麗什麼也看不懂。這時，他的丈夫用嘲諷的語氣說：「妳懂什麼，妳能做得了什麼？我也不是無情無意，妳只要同意她們倆回家，那妳還能像以前那樣風光地生活，不同意，我們就離婚！」

瑪麗心裡儘管有千般委屈、萬般無奈，但也只能按照丈夫說的去做了，因為她深知自己現在去學習管理公司已經太晚了。

瑪麗雖說還像以前那樣光鮮地生活著，只是她不再像以前那麼快樂了，她再也沒提起過怎樣的生活算是舒適，而是總在和朋友們抱怨自己，說要不是自己惰性心理，哪裡會落得今天這個地步，這份惰性害了自己，也是自己一生中最大的遺憾。

瑪麗的家境很好，從小她都是衣來伸手、飯來張口，反正要什麼有什麼，在這種舒適的環境下，她還會去付出努力爭取嗎？瑪麗自己也安於這種舒適的生活狀態，但當這種狀態被破壞後，立刻就變得手足無措。以致於到了後來只得接受他人安排的命運。如果當初瑪麗和丈夫一起參與公司的大小事務，那麼也許瑪麗就不會是這樣的下場了。

人生苦短，但這個苦短的過程若是不能努力地去完善，勢必會給自己帶來遺憾。生活不會一帆風順，只有童話中的公主和王子才能享受著永恆的歡樂。現實生活總是充滿挑戰，有樂就有痛苦，但是如果安於一種看起來非常舒適的現狀，那麼對於未知的變數你將會缺乏應變能力。

俄國著名的物理學家說過這樣一句話：「平靜的湖面練不出精悍的水手；安逸的環境造不出時代的偉人。」我們的人生在某個階段，可能會有一段很舒適、安逸的生活。如果沉迷於這種表面上的安逸和舒適，舉步不前，那麼勢必會從各方面都落後一截，時過境遷，以後再想趕上，就要付出加倍的代價，甚至要遺憾終生。有一則童話故事講得很好：

在遙遠的古代，鳥的王國裡面有一隻長著漂亮羽毛、歌聲嘹亮動聽的鳥，牠的名字叫寒號鳥。

每天，當太陽升起的時候，別的鳥兒們都在辛勤勞動，可是牠只會站在枝頭，賣弄自己美麗的羽毛和嘹亮歌喉，牠總是在唱：「別人不如我，別人不如我！別人沒有舒適的好生活！」

有好心的鳥兒提醒牠：「別閒著了，快去找個背風的地方去建個窩吧！要不冬天來了你怎麼辦啊？」可是每次別的鳥這樣勸告牠，寒號鳥總是滿不在乎地說：「我們離冬天還早著呢！你們真傻，為什麼不趁著這陽光明媚的大好時光盡情玩樂呢？這才是舒適的生活呢！」勸牠的那隻鳥搖搖頭嘆口氣飛走了。

直到有一天寒風吹起來了，鳥兒們都回到了自己溫暖的窩裡，只有寒號鳥還站在枝頭瑟瑟發抖，就這樣牠還沒忘展示牠的歌聲：「哆嗦嗦，哆嗦嗦啊，大風凍死我了，明天就建窩啊！明天就建窩！」

沒想到隔天太陽一出來又是暖洋洋的，寒號鳥忘記了昨夜的痛苦，牠又快樂地站在枝頭高歌：「你們不如我，你們不如我，你們沒有舒適的好生活！」

又有一隻鳥飛過來對牠說：「別唱了，你忘了受凍的滋味了？趕緊去建窩吧！」

寒號鳥不屑一顧地瞥了一眼那隻鳥：「哼，不懂得享受的傢伙！」

反覆幾次，再也沒有鳥兒願意和牠說話了。

黑夜很快就來了，凜冽的寒風夾雜著雪花不斷吹打寒號鳥，牠再也唱不出歌聲了，就那樣凍死在枝頭了。

記住，在我們的一生中，每個今天都很重要，千萬不要被惰性心理所給予的舒適迷惑了眼睛。

不能像寒號鳥一樣讓舒適的感覺而左右，把今天該完成的事推到明天，要知道：「明日復明日，明日何其多，我生待明日，萬事成蹉跎！」

夫妻間的關係亦是如此，如果兩個人之間一方一味地付出，另一方一味地索求，那麼在日常的

交流時，就容易踏入對方的地雷區，所以，千萬不要認為有時候可以肆無忌憚地與對方說話，因為在自己心中的安全區域和對方的很可能不一樣，這就會很容易造成夫妻間感情的傷害。所以，停留在自認為的安全區域還是很危險的啊！

4、告訴對方「你／妳真好」

【情景設置】

A、B夫妻——

A：老公，你真好！

B：寶貝，妳的好跟我還差那麼一點點！

A：……。

有人說：「讚美，是撒向心靈的陽光雨露。」良好的溝通會讓夫妻情感更加深厚。夫妻在溝通時，讚美對方是向對方傳達心意的最好的方法，表達的是你的信任和情感，化解的是你有意無意間與另一半形成的隔閡和摩擦。所以說，讚美是夫妻間不可少的溝通方法，而抱怨和嘮叨則是夫妻情

感的最大殺手。

有人認為，生活中女人比男人更喜歡抱怨，如果女人每天不停在男人耳邊嘮叨、抱怨，那麼即便她有著天使的臉蛋、魔鬼的身材和顯赫的身家地位，也會讓男人落荒而逃、退避三舍。

事實上，女人比男人更愛用抱怨的方式把鬱積在心中的不良情緒發洩出來。可是做為他的妻子，如果每天在老公面前抱怨不止，這樣只會引起他的反感，讓他愈來愈沒耐心聽妳訴說，而你們的感情也會在抱怨中一點點消磨殆盡，所以，當女人內心不平想要嘮叨的時候，先弄清那些事情值不值得妳以犧牲夫妻感情的方式去抱怨。

如何讓家庭和諧、夫妻恩愛，這也一直是大家關心和探討的話題。有人說夫妻關係既簡單又複雜，這是因為在這個關係裡還存在愛情。基於這種思想，那麼如何和另一半相處就成為了大家都關心的事。我們都知道人無完人，再好的另一半也有缺點，那麼我們究竟該怎樣做才能和另一半相處融洽呢？對夫妻而言，那些缺點是該抱怨還是讚美呢？有沒有讓夫妻之間的生活全面和諧的秘訣呢？我個人認為每對夫妻相處的模式是不一樣的，這些都要靠我們在生活中的點滴去尋找。

Cherry 的老公阿慶老實又守本分，待人誠懇、顧家又有責任心。鄰居們都誇讚阿慶人好，但在 Cherry 眼裡卻不是那樣，只要阿慶有點小事，她就嘮叨個沒完，不是抱怨阿慶賺錢少，就是嫌棄他

不夠聰明。

阿慶是個開計程車的司機，有天下午，他滿頭大汗地跑回家，向 Cherry 拿錢。Cherry 問：「出什麼事了？」阿慶說有個人抱著孩子坐他的車子去看病，結果那人帶的錢不夠，他就回家拿點錢墊，等孩子看完病再回家把錢還他。

這把 Cherry 氣壞了，直接就數落阿慶：「你傻子啊！當什麼濫好人？現在騙子那麼多，誰知道她會不會騙你？」一句話就讓阿慶啞口無言，原來不久前，阿慶把一個客人送到定點，那人讓阿慶等一會兒，說進去拿車錢，結果阿慶等到天黑也沒見那人出來。為此 Cherry 抱怨了很久。

「可是人家帶著孩子看病不像騙子，再說幫人一下，我們也損失不了什麼啊！」阿慶小聲爭辯道。

「騙子腦袋上又沒刻字，就只有你相信好人滿街走！你就賺這點錢，給了人家我們連飯也吃不了了！有本事你去做個慈善機構啊！說你傻還不愛聽，你不傻怎麼賺不了錢？」

Cherry 追上去喊：「你走，你走了就別再回這個家！」

一向老實的阿慶臉漲得通紅，他什麼話也沒說轉身就走了。

類似的抱怨、吵鬧又發生了幾次，阿慶回到家不是眉頭緊鎖就是悶悶不樂，Cherry 感覺阿慶和她不再那麼親近了，話都不願意和她講，這讓她苦悶不已，只好時常打電話給好朋友訴說一下自己

的煩惱。

某天，Cherry 的知心好友來了，神秘兮兮地對 Cherry 說，她看到阿慶和一個女人，還帶著孩子，很親密的樣子，妳要小心了，免得被人把老公搶走。

「不會吧！」Cherry 懷疑地問朋友。

「怎麼不會，那個女人對阿慶好極了，她還替阿慶倒茶、擦汗呢！」

Cherry 這下傻眼了，對朋友哭訴道：「我怎麼也想不明白，阿慶其貌不揚又沒錢，怎麼也想不到他外面也有了女人，他有什麼能吸引人的啊？」

朋友問她：「阿慶在妳眼裡這麼一無是處，那妳肯定是捨得跟他離婚了？」

「妳說我哪方面不如他？當初要不是覺得他人品好又善良，我哪會嫁他啊！他這麼做哪裡對得起我啊？可要是離婚，我真捨不得，他的優點是別的男人身上沒有的，他顧家、疼我、愛孩子，如果離婚，妳讓我去哪裡找這麼好的人呢？」

朋友笑了：「別緊張啦，我騙妳的，就妳家阿慶這樣的人品，是不會在外面胡來，那是我編出來騙妳的。但是妳一定要對阿慶好些，妳聽我的，阿慶不是沒有責任心的男人，妳只要改變一下對他的方式，別老是讓他聽到嘮叨和抱怨，那麼他的心肯定會回到妳身邊！」

朋友走後Cherry思考了很久，然後就照朋友說的去做了，每次阿慶回來她都會微笑著端上一杯水，體貼地遞過一條毛巾，當阿慶和她講自己做過的小事時，她都能找到適當的話藉機讚揚幾句，結果可想而知，他們的夫妻關係改善了很多。

一句讚美會讓夫妻關係融洽，人的心理都是願意接受表揚的，聰明的女人不會透過抱怨和嘮叨使丈夫厭煩，相反，她們能夠讓別人也注意到丈夫的長處，還能把丈夫的缺點減低到最低限度。她們善於稱讚自己的丈夫，誇耀丈夫的優點。上面故事裡的Cherry，開始時總在抱怨嘮叨，結果她的丈夫阿慶還是沒任何改變，而家裡的氣氛也不再愉快。不過，經過朋友的提點，她及時地做了改變，於是，家又回到了充滿溫暖、溫馨美滿的狀態。

世間為什麼有爭論，這是人們看待事物的角度不同，當你抱怨他不拘小節、粗心大意時，為什麼不換個角度重新審視一下對方呢？你也許會發現對方率真開朗隨和易處，當你抱怨對方冥頑不化，也許對方做事有恆心和毅力。上帝對人是公平的，他給一個人許多缺點的同時也會給他相對多的優點。所以，你想要對方展現出優點，同時就得容忍對方的缺點。想要抱怨對方的時候，先讓腦筋轉個彎，多想想對方好的那面，自然就會釋然了。

還有個有趣的現象，成年人和小孩子一樣，有一個共同的傾向，那就是他們會按照外界所強加

184

的性格去模仿，如果你不斷讚美你的另一半，那麼你會驚喜地發現，對方會慢慢地以你所說的標準來要求自己而愈來愈優秀。

其實我們對另一半的稱讚，都是對他或她的一種鼓勵，這比直接「教訓」的效果要好很多。夫妻雙方要學會看到對方細微的改變，學會發現對方有所改變的細節，並給予肯定和讚美而不是抱怨，這時男女雙方就會覺得自己付出是值得的，同時他們會更願意繼續去努力。

讚美是一種有效的感情投資，有付出就會有回報。對於上司適當的讚美，能使上司的心情愉悅，對你愈是重視。給予同事的讚美，能夠聯絡感情，在工作中更加愉快。對於下屬的讚美，你會贏得下屬的敬重，激發下屬的工作熱情和創作精神。對合作夥伴的讚美則會贏得更多的合作機會，獲取更多的利潤。對另一半的讚美，會讓你的家庭幸福美滿，洋溢著和諧的氣氛，生活中無論何處，讚美的確重要。

當聽到你的另一半說「你真好，能娶（嫁）到你是我的驕傲，和你生活很幸福」類似的讚美時，體會一下內心的歡愉把！反之，如果你的另一半動不動就抱怨：「我當初瞎了眼，怎麼會娶（嫁）你這樣的人！」我相信，無論是誰，不管他有多麼大的修養，內心的反感也是隱藏不住的。那麼是該讚美還是抱怨？相信聰明的你已經知道怎麼做了。

5、附和的辨證法

【情景設置】

A、B（夫妻），C（朋友）——

A：C，上次有人送我一盒好茶，我們一起品嚐品嚐。

C：好啊！還有人送你茶，混得不錯嘛！

B：老公，茶不是你自己買的嗎？

A、C……。

從字意上講「附和」這二字的涵義，是指毫無主見的鸚鵡學舌，人云亦云。我們生活中，有關附和的事不勝枚舉，上至達官顯貴，下至平民老百姓，都在不同程度地附和，已經屬於見怪不怪的

地步了。這種「附和」在很大程度上是一種從眾心理，或者是為了達到某種目的的換來好處的一種手段和技巧。這種人每天權衡利弊得失，算計輸贏成敗。但我們今天說的這個「附和」是夫妻間的，這種「附和」和其他利益無關，這種「附和」是要讓別人覺得舒服、愜意，甚至羨慕。

其實要想成為婚姻裡一個好的「附和者」也不是很簡單就能做到的，首先必須會察言觀色，揣摩別人的心理，什麼時機去附和，附和時該用哪種方式，是點頭還是給對方微笑等等。所以說，婚姻裡面的附和也有很難掌控的分寸和意義。

浩林和慧心結婚五年了，由於浩林的小公司剛起步，整天忙著跑業務，原本幸福的小家庭很久都找不到新婚時的甜蜜。但慧心從不說委屈，雖然自己的工作也很忙，但她盡力做著一個好妻子的角色。唯一不順意的事就是兩個人還租房子住。

其實這幾年夫妻倆也賺了一些錢，可是由於浩林執意要開自己的公司，而把家裡所有的錢都投入了進去。對此慧心毫無怨言，甚至辭去了原本收入頗豐的工作全力支持丈夫。但浩林對妻子所做的犧牲卻不領情，總想試圖說服慧心別參與公司的事務。可是慧心知道丈夫不大善於交際，又怕丈夫禁不起生意場上的挫折，不放心他一個人打拚，也拗著性子要進老公的公司。慧心知道老公和自己的感情深厚，他是怕自己跟著操心奔波，勞累吃苦，但她覺得自己何嘗不是這樣為老公想？為此

兩人經常有爭執，當然這爭執只有發生在夫妻倆獨處的時候。

慧心的父母心疼唯一的女兒，於是拿出畢生的積蓄，替女兒買了一處地段好，付款條件又優惠的大房子。

按照習俗，搬了新家就要舉辦「入厝」及入宅宴，浩林夫妻也不例外，把親朋好友全部請來聚在一起，在一家小有名氣的飯店請吃入宅宴。

寒暄過後，大家就開始敬酒，浩林平時是滴酒不沾，可是今天他是男主人的身分，不得已只好硬著頭皮喝了。不勝酒力的浩林隨著幾杯酒下肚，就有些醉了。有個生意場上的朋友故意端著酒來敬浩林，浩林哪曾喝過這麼多的酒，於是結結巴巴地推辭。言語間那個朋友就有些不高興，說：「別人敬你酒喝了，到我這怎麼就不給面子呢？」

慧心趕緊走過來看了一眼老公，浩林一臉尷尬，慧心對他微微一笑，隨後熱情地招呼那個朋友說：「我老公啊喝幾杯酒就算多了，你可不知道，回到家躺到床上胃就痛，有時候還喝到胃出血都送醫院了，耽誤事情不說還把身體搞壞，來，我替他喝了！」然後端過那杯酒和朋友乾杯。

朋友也不再糾纏喝酒了，隨即轉移話題：「慧心，聽說妳辭去了Ａ財團的工作，去和浩林做事了，為什麼啊？妳那份高薪的工作讓多少人羨慕啊！如果浩林這邊做不好的話，起碼你們衣食無憂啊！」

188

慧心笑了說：「那份工作雖好，但是幫別人打工，不如替自己老公做事啊！而且我老公可是最好的潛力股，我要不抓住將來我可是損失慘重啊！呵呵！」隨即慧心就把話題轉移到了最近浩林正和那個朋友談的一樁業務上，沒想到兩人愈說愈投機，談話之間就敲定了這筆業務。

自從舉辦入宅宴後，浩林看到了慧心的長處，不管去任何場合都會把妻子帶在身邊，而慧心更是夫唱婦隨，為浩林爭了不少面子。不論老公在業務上說過什麼過頭的話，她都能輕巧地化解，慢慢地老公的公司走入了正軌，老公的心也和她貼得更近了，幾乎到了一眼看不到老婆就緊張的地步。

而他們的公司第一年就有了讓人眼紅的利潤，賺了錢的浩林趕緊把岳父母接來一起住，一家人其樂融融。

夫唱婦隨的原意是古代社會妻子必須服從丈夫，後來就比喻夫妻間和睦相處。上面這則故事裡的慧心其實和我們身邊很多女子很相似，不同的是有些女子嫁了人就覺得是找到了長期飯票，全憑男人去打拚養活自己。男人要是忙得顧不到自己了，還無端地心生怨恨，到處訴說男人的不是，全然忘了他不賺錢怎能為妳提供好的物質生活，拚死拚活的是為了什麼。

可是慧心寧願放棄自己的好工作也要和老公同甘共苦。人都是感情的動物，為了愛情、為了家庭，所付出的雙方的心裡都有數，那麼生活在同一個屋簷下的夫妻感情是不是能更牢靠呢？怎樣才

能做到夫唱婦隨、永結同心呢？其實最重要的還是夫妻之間的理解和包容，還有的是心靈上的默契。

有了這一切，自然就能夠夫唱婦隨，做一對人間仙侶了，那麼這樣的附和是不是更有意義？

夫唱婦隨，還有一個意思是，不要在無關緊要的小事上爭執。

星期天，丈夫依然忘我地在電腦遊戲前，妻子洗衣拖地，嘴裡不停地抱怨丈夫就只知道玩遊戲，家裡什麼事情也不做，忘了今天的結婚紀念日不說，現在人也不懂得情調和浪漫。丈夫依然充耳不聞。

當妻子擦地擦到丈夫腳下時，丈夫忽然說：「親愛的別動，等一下！」妻子抬頭望向丈夫，原來丈夫正聚精會神地盯著電腦和怪獸大戰。

妻子看了一會兒忍不住對丈夫說，「從右面攻，這樣好打，右面才是牠的弱點。」丈夫聽話，只兩下就殺了那個怪獸，滿臉興奮的丈夫拉過妻子親了一下，然後站起身，接過妻子的拖把，邊拖地邊和妻子說，「妳真厲害，那我們的結婚紀念日，我們就在家裡享受燭光晚餐，一會兒我去準備。

對了，明天我還要帶妳去郊外，地點我都查好了。」

妻子聽後會心地笑了，她想不到自己只不過是附和了一下丈夫的興趣，結果卻達到了這麼好的效果！

190

丈夫打電腦只是一個小興趣，並沒有影響正常的工作和生活。如果此時妻子揪住丈夫的耳朵，硬把他從電腦前拉起來，不僅指責，還破口大罵，那麼還能享受到燭光晚餐嗎？或許丈夫還會因妳打斷了他的遊戲興趣遷怒於妳，摔門而去，那麼妳只能在家自己生悶氣了。

婚姻裡的好丈夫可以說是女人培養出來的，要明白，想要什麼樣的丈夫，是靠自己慢慢引導和感化，哪個女人願意讓最初的熱情化為平淡呢？有時候妻子的一點小聰明，就能得到自己想要的浪漫和情調。

6、打腫臉也要充胖子

Ａ（主婦）、Ｂ（主婦）、Ｃ（Ｂ老公）——

Ａ：我老公居然罵我，這日子沒辦法過了，妳老公對妳真好……。

Ｂ：嗯……，男人不應該欺負女人的。

（Ｂ回家）

Ｃ：……妳又跑到哪裡去了？也不做飯！

常言說：「人無臉不活，樹無皮得死」，也就是說，人活一輩子把臉看作是最重要的東西，為了這個面子，我們有時會把自己的一切都賠上了。因為在生活裡存在太多的誘惑和責任，因此就會

有太多的挫折和委屈，甚至很多人正在為之承受著各種迷茫和痛苦的煎熬，而在失敗面前，為了面子，還要和內心的脆弱做激烈的鬥爭，為了面子，在別人的面前還更要假裝堅強。

我們身邊有許多都是把面子問題看得很重的人，在夫妻關係中，尤其是男人更好面子，暫且不論他是身分顯赫或是平民百姓，是身高偉岸或矮小自卑，在別人面前都很在乎自己的形象，為此他們會不惜一切代價去保住自己的面子。

所謂面子不面子，其實說白了就是想證明給別人看自己是個很有能力、很有用的人，無論什麼事情都可以託付給自己。這類男人都覺得自己就是能頭頂著天，腳踏著地，是個響噹噹的人物，為了面子，他們可以毫無怨言、拚死拚活地去奮鬥，要得到人們的讚賞和羨慕。他們心裡頭往往想的是：「頭可斷，血可流，面子絕對不能丟」。

而對夫妻雙方來說，女人能否給自己裝門面、掙面子是男人最在意的事。如果女人們沒弄明白男人的這點心思，卻處處和男人們作對，那麼這樣的婚姻也是毫無幸福可言的。

聰明的女人知道何時何地給足自家男人面子，讓自家男人在他人面前風光十足，哪怕回家讓他擦地板他也是毫無怨言的。可是有的女人卻不懂男人的這點心理，總覺得嫁個男人就是要寵著自己，要疼愛自己，這樣在親朋好友面前才能彰顯幸福。殊不知，男人是最在意妻子是否能在他人面前讓自己顏面風光，不讓自己處在尷尬之地，他們認為這才是婚姻裡面最重要的，和他們的「面子」相

比，女人再怎麼美若天仙或是嬌小可人，他們也會把妳拋到九霄雲外。

大多男人都會認為不管人前人後，面子最重要。

阿良和美華吵架了，甚至都鬧到了離婚的地步，以前的他們可是一對恩愛夫妻，阿良對妻子千依百順是有目共睹的，所以現在大家都很不明白，一向把美華當成寶貝的阿良究竟為何會和美華吵架。

原來阿良有個要好的同學從國外回來了，打算邀請阿良和另外幾個同學在台北的亞都麗緻大飯店聚會。阿良聽到這個消息非常高興，可是聚會的日期恰好訂在了美華要回高雄娘家的那一天。於是阿良就和妻子美華商量，能否過些天再去高雄，這位同學大老遠回來了，不去陪他不合適。

美華聽了後，一百個不高興，說阿良不守承諾。因為美華早就和他約好那一天要去高雄市看望美華的父母，他們的同學聚會又沒和她說過，而是突然臨時決定。美華為此堅決不同意延期去高雄。在阿良左求右哄下，美華才勉強答應延期一天，可是夜深了也不見阿良回家來。美華愈想愈生氣，心想：「你這個阿良，竟敢這麼晚不回家！」一生氣就打了電話給阿良的同學。

開始時，那個同學還客氣地和美華解釋阿良沒回家的原因，直到美華的話愈來愈刻薄，甚至直接數落起了阿良的種種不是，尷尬之下，那個同學只好把電話給了阿良，聽到是阿良的聲音後，美

194

華更是不客氣地破口大罵。這下阿良的面子再也掛不住了，張嘴就說：「我這麼不好，那我們就離婚吧！妳想找誰就找誰去！」

美華嚇呆了，她怎麼也不相信這麼傷感情的話會從這個對她寵愛有加、唯命是從的阿良嘴裡說出來。以前不高興了就會罵阿良幾句，阿良總是笑呵呵地來哄自己，為什麼這次他竟然敢反抗呢？還用「離婚」這麼嚴重的字眼來傷害她。

其實美華觸犯的是男人的大忌，在家裡，男人可以任妳撒嬌、任妳使性子，那是因為關起門來沒人看得見，可是在外人面前他絕對不會允許妳那麼做的，因為他會覺得妳不給他面子而遷怒於妳。

為了所謂的面子他們會和妳爭吵，為了避免這些不必要的爭吵，讓婚姻失去和諧，聰明的女人就要在說話前注意以下這兩點：

一、千萬不能在有他人的情況下批評妳的男人，無論他錯得多麼離譜，等他回到家裡，關上房門慢慢地教訓他，這時男人多半乖乖地任妳數落。這時的他不是三歲的孩童，對什麼話似懂非懂，若是在妳的教訓中他一聲不吭，這說明他已經知道自己的錯誤了，因此妳要適可而止，既要讓他知道妳的厲害，同時也得給他留點面子。

二、千萬不能在男人面前顯示妳比他有能力，而給別人他不如妳的感覺，哪怕他的確事事不如

妳做得好。畢竟，大多數男人都會認為自己是強大的，妳的依賴性，或甘心做他的附屬品的姿態，會讓他很有成就感。

俗話說：男人要的是寵，女人要的是哄，這話不是沒有道理的。做為他的女人，妳不僅不能損傷他的面子，還得要利用他在乎面子的這個弱點，不時地在別人面前稱讚他，讓他的優點在妳這裡放大很多倍，他就會高興地認為自己就是那個頂天立地的男子漢。當他在妳面前吹噓自己時，妳一定要隨聲附和，正所謂夫唱婦隨，這樣他一定會更加愛妳。

男人春風得意之時，想要的是自己女人的讚揚，在受到打擊和挫折的時候，也最需要自己的女人給予理解和支持。女人若是不給男人面子，而是帶有「羞辱性」的責罵和行為時，男人會因此擺脫一貫的受辱狀態，甚至還會產生暴虐心態，這樣下去遲早會造成不幸。

女人的言行端莊、談吐高雅是一個男人的幸事，因為一個微笑或一個眼神都能給足男人面子，**聰明的女人知道在什麼場合下該說什麼樣的話**，這樣既給男人掙了面子，也為自己掙了面子，何樂而不為呢？

當然，其實女人也是講究面子的，但是人們評定一個女人是否有面子的時候，大多是來自她嫁了個什麼樣的男人，取決於她征服了什麼樣的一個男人。

我們都知道英國王妃戴安娜和查理斯王子的故事。戴安娜是童話中現代版的灰姑娘，有多少女

196

人羨慕她，皆因為戴安娜嫁的不是一般人，她的面子是來自查理斯的皇家身分。童話裡王子和灰姑娘以一句「他們終於結婚了，從此以後過著幸福快樂的生活！」為結束語之後就沒了下文，因為說童話的人明白，婚姻生活裡的瑣碎是孩子們不會懂的。

那麼，拋開王子與公主的童話故事，在現實中女人該怎樣在人前為自己賺得面子呢？

Case B

當年，那個年輕漂亮的陸文斯基（Monica Lewinsky）進駐白宮後，人們對這個充滿朝氣的年輕女孩喜愛有加，誰也不會想到，就是這個女孩子會給日後的白宮造成那麼大的麻煩，讓當時的總統因為她而一度遭到彈劾的危機。

在柯林頓和陸文斯基的性醜聞曝光後，他的妻子希拉蕊曾在接受採訪時說：「我從沒懷疑過丈夫對我的愛，也從未動搖過對整個家庭的承諾，儘管我很沮喪甚至失望，但我一定要冷靜下來想清楚，對我以及我的家庭來說什麼樣的選擇是最正確的！」

後來，又有好多女人寫信給希拉蕊，問她將如何面對自己丈夫的不忠，她又說：「每個人的故事不同，妳只要做到忠於自己，我不能把自己的判斷強加給妳，對妳來說忠於自己是正確的！眾所周知我的婚姻經歷了嚴峻的考驗，我很高興我的決定，我從不認為我對這場婚姻投入有什麼不妥！」

這就是希拉蕊的聰明之處，在柯林頓的性醜聞以及被彈劾的危機鬧得沸沸揚揚的時候，她很沉

著地面對所有人，不管是嘲笑她的，還是為她擔心的，她沒有亂了分寸，還是一如既往地支持柯林頓，她知道自己不僅是一個男人的妻子，更是美國的第一夫人。正是她的大度與顧全大局才給了柯林頓面子，又為自己贏得了裡子。

男人們或多或少都會有一些涉及到男女方面的隱私，大多數女人會認為他的這些隱私是對自己的不忠，也是對婚姻的不重視，所以她們會嚴加防範，從而引發一些激烈的爭吵，甚至醋意大發，到處去訴說自己男人的種種不是，還有的撕破臉大哭大鬧，就是為了讓他在人們面前丟盡顏面，讓所有的人來看看他的真面目、漸漸嘲諷他、孤立他，殊不知這樣做的後果，已經在無形中讓自己的婚姻埋下了危機的種子，長久下去男人不跑才怪。

試想，他既然是那麼不堪的男人，妳卻選擇了他做丈夫，哪裡還有面子呢？記住，人前人後總是給足男人面子，其實就等於是給自己面子。

打腫臉也要充胖子，妳會在婚姻中獲得更多。

198

第六篇

把話說好，
贏得人心

1、動聽聲音打動人心

A：我不喜歡和Ｃ說話！

B：嗯，為什麼呢？

A：因為他嗓音像鴨子一樣！

B：⋯⋯他現在是我男朋友！

A、B——

語言大師卡內基說過：「與他人進行有效的交談，並且贏得他們的合作，這是那些嚮往成功的人們應該努力培養的一種能力。」想要贏得別人的合作，就要打動別人的心。如何能夠順利地打動

別人的心呢？其實說起來並不是很難，需要我們有一種動聽的聲音。這種聲音不單單指我們說話的聲音，更指我們的措辭語言、表達方式。

記得有科學家曾經做過這樣一個實驗：找兩個人，每天對其中一個人不斷地鼓勵、讚揚，說好聽話給他聽，每天對另外一個人粗暴地說話，批評他做的任何事情，實驗的結果是，那個每天聽好聽話的人更容易接受他人的意見，而那個每天挨批評的人也會同樣用粗暴的方式打斷他人，從而很難接受別人的意見。

所以，**動聽的聲音才會打動人心**！不要吝惜自己的「甜言蜜語」，更不要在工作的時候把自己的某種不滿情緒反映在我們的語言上，如果想要打動別人，我們不管處在什麼樣的環境、心情之下，都要讓自己在面對別人的時候把聲音和語言調整到最好，甚至我們可以「肆無忌憚」地說些好聽的話，人家喜歡什麼我們就說什麼，人家對什麼感興趣我們就提什麼，**投其所好，才能得我們所要的**！

當然，這不是教你耍心機，在我們說「好聽話」，用「動聽」的聲音去打動別人的時候，切記要保持一顆真誠的心，最好不要表面一套、背地裡另一套，嘴上說得天花亂墜，而心裡卻恨對方恨得要死。當然除非你的表演技能非常好，讓人從你的表情中看不出破綻來。這裡我要提醒大家，如果你準備打動別人之前，一定要先說服自己，讓自己認為對方值得好好去對待，然後發自內心地讚揚他、打動他，才能更愉快地來往。

子昂是一位大學生，專業是城市規劃，他對於城市的規劃有一個很偉大的構想，而且他設計的規劃圖稿曾經在比賽中獲獎，評審們也都很認同他的這些構想，並給予很高的評價。

子昂在即將畢業的時候，與致勃勃地拿著自己的獲獎規劃圖稿去各個公司找工作，他一直覺得以自己的學習成績找到一份好工作是沒問題的，可是接連面試了幾天下來，他卻有一種深深的挫敗感。原因在於，他並不是一個善於表達的人，他說的話總讓人感覺蒼白無力，既打動不了別人，也得不到別人的認同，即使他拿著自己那張曾經獲獎的設計圖稿也無濟於事。

子昂無法用最好的表達技巧完美描述自己的作品，也無法跟主考官提出一個完整的職涯規劃，他的語言蒼白，說話辭不達意，談話沒有任何技巧，這就是他事業的絆腳石。他曾經躊躇滿志地幻想自己在城市規劃上做出一番很好的成績，可是讓他萬萬沒想到的是，第一關在語言上他就成了一個失敗者。

我們不是在危言聳聽，動聽的聲音才能打動人心，這是一個很明顯的道理。古人道：一人之辯，重於九鼎之寶，三寸之舌，強於百萬之師。當對方跟我們說一些開心的事情，或誇獎、或恭維，我們自然會聽得渾身舒服、笑逐顏開；而若有人跟我們惡言相對，我們當然也會不甘示弱，立刻反駁。

無論是在平時的工作中、生活中，我們在不同的場合要與不同的人溝通交流，我們就需要盡可

能地說一些動聽的話，才能在最短的時間中引起對方的興趣，掌握對方的心思，打動對方的心靈。

因此在我們說話的時候，把話說得既明白又得體，既出色又到位，打動別人，我們才能更進一步和對方順利地交談。

有位科學家曾經說過：說話的能力是成名的捷徑。它能使人顯赫，鶴立雞群。能言善辯的人，往往使人尊敬，受到愛戴，得人擁護。它使一個人的才學充分拓展，熠熠生輝，事半功倍，業績卓著。善於表達，用動聽的話打動人心，無論走到哪裡、在什麼情況下，你都可以成為一個掌握談話主動權的人，都可以贏得別人的好感。把話說得好聽、說得漂亮、說得感人、說得讓人舒服，把要表達的好意、意見甚至不滿和埋怨用適當的方式表達出來，往往容易把事情辦得順利圓滿。

當然沒有多少人天生就會說好聽話，就是天生一副伶牙俐齒，能言善道。很多人不太善於說話，遇到問題不知道該如何使用語言，如何讓自己的意思更完整地表達出去，使別人更能接受自己的話。這就需要我們在平時的生活中不斷地鍛鍊和努力。我們要多多觀察別人的行為、舉止，多揣摩一下對方的心理、想法、瞭解別人對待一件事的態度。一般來說可以順著他的話，沿著對方的喜好說話。從某方面來說，說話不要太過耿直，不要太過誠實，不要太過直接，更不要故弄玄虛，那樣只會招人討厭，讓人聽不下去你說的話，更別說接受你的意見或建議了。

當我們說話時，應該先讓別人覺得我們是坦誠的、坦率的，但又不過於直接而袒露，我們要多讚揚對方的優點，但千萬別用「肉麻」的話奉承，把自己表現得非常得體。

當然，傷害感情的話最好少說或者不說，即使非說不可，也要注意措辭，詞語適當、溫和一點，就更能避免尷尬的局面。其次，我們的談話最好充滿了幽默、哲理、或者充滿熱情，我們要對弱者表示理解和同情，給予他們精神上的支持。對強者要充滿了讚揚和激勵，讓強者因為我們的支持而自豪。對跟我們一樣普通的朋友、親人說話，要充滿了溫暖和關愛，讓他們的耳朵像聽音樂一樣享受我們的語言。

大貪官和珅是如何獲得乾隆皇帝獨寵幾十年的？在很大程度上就是因為他說出的話非常動聽，容易打動皇帝。

據說和珅還是一個小官的時候，跟隨乾隆出巡，和珅當時只是跟在乾隆的轎子一旁伺候，這時乾隆在轎子中閱讀一份奏摺，奏摺中說有個很重要的犯人逃跑了。乾隆看了很不高興，隨口道：「虎兕出於柙」。這是《論語》中的句子，意思是兇猛的老虎從籠子裡跑出來了。

其他隨從人員並不知道這是什麼意思，當然不知道該如何接話。和珅好學，他說道：「爺謂典守者不得辭其責耳。」這讓乾隆開始注意到和珅，隨即就問和珅有沒有讀過書，問他出身於什麼樣的家世，問他的年齡等等。

和珅抓住機會，把話說得非常中聽，讓乾隆聽了覺得舒服，於是才引起了乾隆更多的關注，再

一看和珅是一個儀表堂堂、舉止典雅、英俊不凡的人，他的聲音既洪亮又清晰悅耳，便對他十分讚賞。從那以後，和珅便以自己的聰明才智，和無與倫比的口才博得了皇上的歡心，成為朝中第一重臣。

當然，這跟他平時善於把話說得動聽悅耳是有很大關係的。說話，是讓別人認識自己最重要的一步，和珅走好了這非常重要的一步，從此飛黃騰達。其實，我們每個人都有一雙機靈的耳朵，能夠分辨好聽的和不好聽的聲音，當我們聽到動聽的話時，我們自然會對說話的人刮目相看，也比較容易被他的話打動。所以，在我們說話的時候，要盡量讓**說出的話變得悅耳動聽**，從心底征服對方，才能更打動對方，不費力氣地實現自己的目的。

2、如何開口，決定你是什麼樣的人

情景設置

A、B——

A：我那天去ＸＸ商城買……。

B：喔！ＸＸ商城我常去！

A：我買了一件洋裝……。

B：洋裝？那裡的洋裝不好看啦！

A：關妳什麼事？

B：……。

有的人一開口就能讓別人瞬間判斷出是什麼樣的人，或睿智幽默，或沉穩狡詐，或粗鄙不堪，或謹小慎微，或瀟灑豪邁。其實，**不要害怕自己一開口會給別人留下不好的印象，想留給別人什麼印象就可以偏重說什麼樣的話**。比如說你想給人謙遜有禮的印象，那麼如果你一張嘴會說出市井粗俗之話，給別人留下的印象就可想而知；如果你想留給別人自信勇敢的印象，那麼你也絕對不會張嘴就說：「該怎麼辦啊，這如何是好啊！」所以說，如何開口就能決定你是一個什麼樣的人。

一個人因為失去工作變得非常落魄，他打電話向兩個朋友求助，而他的兩個朋友面對他的請求是像下文那樣回答他的。在此我們假設，如果是你，面對這樣的回答，你會選擇相信哪一個朋友？

朋友甲：「你好，很久不見了你還好嗎？你聲音都憔悴了，最近壓力很大吧？一定要注意身體啊，有時間打電話給我，我請你去喝茶，還是以前我們常去的那間餐廳，那裡環境很好你會喜歡的。你找工作的事情我一定會幫你忙的，你的才能我還不知道嗎？我們是好朋友別跟我這麼客氣，等我好消息吧！」

朋友乙：「哎呀你死哪兒去了，好長時間沒看見你了，我還以為你掛了！你看你現在憔悴成什麼樣了，怎麼了這是？看看你那落魄的樣子，到處找工作為了糊口呀！你怎麼混到這地步了，以前的你可風光著呢！得了得了，別跟我囉嗦了，我有時間再幫你看看有什麼工作適合你吧！」

其實，不難看出朋友甲的話非常貼心，讓人感覺心頭一熱，原來朋友還記掛著我，並沒有忘記我。朋友甲的話讓人覺得他一定是個非常有涵養的人，對待朋友非常真誠、客氣，如果讓你給朋友甲做一個人像拼圖，我想你應該會把他拼成一個彬彬有禮的紳士，臉上帶著真誠的微笑，身上穿著整齊而漂亮的禮服，典雅高貴。

而朋友乙的話卻句句直指人心裡的脆弱，即便是他無意識這樣說，也讓人感覺到他看不起別人，用盡刻薄的語言在奚落別人，落井下石。如果讓你給朋友乙做一個人像拼圖，你應該會把他拼成一個粗俗不堪的男人，臉上帶著鄙夷的神色，身上的衣著非常邋遢，一無是處。

可見，開口能決定一個人是否有涵養，是否會受到別人的歡迎。

Case B

Cliff 是公司人事部門的主管，他經常會參加各式各樣的招募會，公司中無論需要經理、文書人員還是打雜工、技術員、工人等等都要經過他的面試。他見過很多人，也知道他們一開口說話就能知道他們是什麼樣的性格，對應徵的工作是不是適合。他跟我舉過這樣一個例子。

在一次招募會中，同時來面試的人之中有幾個大學生和幾個技術人員。他在接待第一位大學生的時候，請他進行自我介紹，這位大學生首先用洪亮的聲音和他問好，他的聲音鏗鏘有力，咬字清晰圓潤，臉上的表情也比較豐富。他這樣介紹自己：「我叫ＸＸＸ，是學電腦管理的，今年剛畢業。

雖然我沒有太多工作經驗，但是我的優點是：學習能力、接受能力快，我從小在農村長大，幫收家中農務，也因此養成了吃苦耐勞的性格。我覺得貴公司這份工作非常適合我，希望您能給我一次機會！」

他的介紹簡單而樸實，卻能夠讓人感覺到一種堅定的力量。Cliff 對這個大學生的印象非常好，也透過其他的談話判定他是一個性格直爽、人品正直、具有責任感的人，於是優先選定了他。

下一位進來面試的也是一位大學生，他給人的感覺就非常不一樣。他自我介紹的時候非常緊張，說話的聲音也很小，讓人一看就對他有種不信任的感覺：「您……好，我叫XXX，來自XX大學，電腦管理系畢業。我實習過幾個月，對電腦的硬體和軟體都還算瞭解。我來應徵電腦技術員的工作。」Cliff 請他說說自己的特長和愛好，他竟然躊躇了半天也沒有說清楚自己到底擅長什麼、喜歡什麼。Cliff 請他的印象，透過他的語言、體態、表情等等判定他是一個內向又靦腆的人，做事比較小心翼翼，不擅長交際，於是在心裡就對他有些不太喜歡。

招募會結束後，Cliff 選擇的就是那位說話乾脆俐落的大學生。後來觀察他在公司裡的各種表現，的確都比較讓人滿意。

在職場上，開口說話就代表了你的身分、性格，讓人在最短的時間裡可以認識你是一個什麼樣

的人，這是是否能留給人良好印象的關鍵。所以我們在開口說話的時候一定要認真而謹慎，說話之前要組織一下語言，尋找一些好的詞語和方式把要表達的意思表達出來，說話的時候聲音要洪亮、清晰，不要嗲聲嗲氣或者硬梆梆、軟綿綿的，讓人從聲音上就不喜歡你。說出來的話不要蒼白無力、不要虛假、不要囉囉嗦嗦，更不要帶著譏諷等意味，只要我們把事情描述地清楚明白、簡單樸實，我們的話自然可以讓人欣喜。

在我們的工作、生活中，會遇到形形色色的人，我們在談話的時候一定要注意自己的言詞，即使不能出口成章，也要盡量讓自己說出的話能留給人好的印象。怎麼留下這個好印象呢？

1、開口前面帶笑容。

一個微笑可以讓人瞬間對你產生好感，上揚的嘴角可以幫助你說出的話變得更加動聽。我們要在說話的時候注意一下自己的笑容，一個溫暖的微笑是談話最好的開始。

2、說話的聲音要清晰、洪亮、有力，動聽的聲音會愉悅人的耳朵，任何人都會被好聽的聲音所打動。

在我們說話時，注意聲音不要嗲聲嗲氣，也別硬梆梆像塊木頭，更不要大聲嚷嚷好像跟別人爭辯、吵架一般。雖然說有些人天生說話輕聲細語，有些人天生嗓門粗大，無論什麼情況，我們都要謹記，要控制好自己的聲音，才可以用聲音先打動別人的耳朵。

3、所謂禮多人不怪，說話也一樣。

誰不願意聽好話呢？適當的讚揚、恭維甚至拍馬屁都可以讓聽者開懷。即使我們需要和一個陌生人說話，我們也可以盡量客氣一些，開場白生動一些，誇讚對方的好氣色、好狀態、好妝容、好氣質，或者談一談共同關心的什麼話題。這時候不一定需要你出口成章，但一定要多說些好聽話。

4、表情也很重要。

誰也不願意跟一塊木頭說話，如果別人跟你提起什麼事情，他更願意你總會表現出或者吃驚、或者欣喜、或者錯愕、或者興奮的表情，因為你的表情是對他人談話的的最好回應，適當的表情會使對方覺得你在認真傾聽他的談話並有所回應，這是起碼的尊重。如果，別人和你說什麼話，你都是一副漠不關心的表情，得不到回應，那以後誰還願意和你對話呢？

5、適當的肢體語言。

說話的時候，笑容和各種生動的表情都可以幫助我們留給他人好的印象，而適當的肢體語言也同樣會發揮出良好的作用，談到開心時的手舞足蹈，談到無奈時的攤開雙手……這樣的肢體動作會促進談話雙方愉快的互動與溝通。

歸根究柢，我們要讓自己的態度謙遜而客氣，讓自己的笑容熱情而溫暖，讓自己的表情生動而

適當，加上一點可愛的肢體語言，一定會吸引別人的注意，讓別人覺得和你談話真的是一件很高興的事情。當然我們拒絕做作、扭捏，不要讓誇張的動作嚇壞人家。不過，最重要的是平時一定要多觀察局面、多聯繫感情，相信你很快就能變成一個一開口就受人歡迎的人！

3、「我」與「我們」大不同

情景設置

A、B——

A：我要去旅遊！

B：那我們一起去吧！

A：我說「我」要去旅遊！

B：……。

一個人是「我」，兩個人以上的人在一起就是「我們」。

一個我是單身，兩個「我」組合在一起就會是一個團隊，這兩個「我」將會變成一個整體，就

是「我們」。

「我」變成「我們」有什麼好處呢？拿家庭來說，一個「我」的薪水，「我們」的薪水將會是每一個「我」的兩倍。「我們」會擁有更多的幸福、快樂，擁有更多的力量，擁有更多的安全感和信任感，擁有更多的親戚、朋友，這個「我們」比起一個孤零零的「我」來說，的確變得更加美妙了。

用一個很老氣但很貼切的比喻來說明「我們」相較於「我」的好處：就像一根筷子很容易被折斷，而一捆筷子卻是折不斷的。所以要記得，想要凝聚「我們」的力量，很多時候就要敞開胸襟，在面對一些榮譽、獎勵等等的時候，記得也把「我」變成「我們」。

法國作家雨果曾經說過這樣一句話：「比大海更廣闊的是天空，比天空更廣闊的是人的心胸。」而我們華人也有句俗語說：「宰相肚裡能撐船」，這句話也是說人的心胸廣闊。所以，何不把「我」說成「我們」呢？

體育明星麥可‧喬丹（Michael Jeffrey Jordan）在公牛隊的時候，公牛隊有一個最有希望超越喬丹的新人皮彭（Scottie Pippen），皮彭可以說是一個新秀，他時常對喬丹有種不屑的表情，總是對他的話不屑一顧。有時候為了表示自己的不滿，皮彭還經常說喬丹在某方面沒有自己好，說自己遲早

有一天會超越喬丹。而喬丹面對皮彭的敵意時，卻沒有表現出任何不滿，反而還經常鼓勵皮彭。

有一次喬丹問皮彭說：「我們倆三分球誰投得好？」

皮彭哼道：「你明知故問，當然是你了！」眾所周知，喬丹的三分球成功率是百分之二十八點六，而皮彭的成功率是百分之二十六點四，不用問皮彭也知道自己的技術在喬丹之下，雖然他對此很不服氣。

沒想到喬丹卻微笑著糾正皮彭：「不，是你！你投三分球的動作規範、自然，很有天賦。你以後一定會投得更好。而我投三分球還有很多弱點。我扣籃多用右手，習慣性地用左手幫一下，而你卻左右手都行。」

喬丹的這些話讓皮彭非常吃驚，甚至在以前他自己都沒有注意到自己這樣的細節。從這以後皮彭為喬丹寬闊的胸襟所感動，他們成為了一對好朋友。當然皮彭後來也確實超越了喬丹，而正是由於喬丹寬闊的胸襟，把「我」變成「我們」，才讓公牛隊兩大主力有如此的凝聚力，創造了一個又一個驚人的神話。

把「我」變成「我們」，不僅能夠產生更大的能量，還能讓人與人之間消除隔閡，變得更緊密。

Amy 跟 Mars 是一對交往中的小情侶，他們在大學的聯誼活動中相識，日久生情。畢業後各自順利找到滿意的工作。朋友們都認為，不出意外的話，Amy 和 Mars 不久就會步入結婚禮堂。

Amy 是個純粹的小女生，喜歡撒嬌，有點任性，卻不失可愛，她常常跟 Mars 談論自己的小心願：

「將來我的家要有大大的衣帽間，分春、夏、秋、冬四區，掛滿了各式各樣美麗的衣服。還要留一面牆搭上精緻的隔板放鞋子。對了對了，我的衣帽間裡還要有一個歐式貴妃椅，上面有著小毯子，我試衣服試累了可以躺一會兒……」

「年假排在一起去馬爾地夫好不好？我要穿著蘋果綠的紗裙在海邊拍美美的照片，我還要嚐遍那裡鮮美的海鮮。還有還有，划水、衝浪、帆船這些我全部都要嘗試……」

Mars 聽了很多年，起初還沒什麼感覺，近年來卻愈來愈不開心。那天他終於忍不住口氣僵冷地問 Amy，「妳總說妳要這樣、妳要那樣，彷彿妳是妳、我是我，是兩條永不相交的平行線，到底什麼時候妳心裡才會有『我們』？」

Amy 當然很愛 Mars，其實她的每一個心願其實都是想和 Mars 共同完成的。只是每當說到興奮處，她那小女生獨有的浪漫本性便顯現出來，常常忘記提到 Mars。後來，Amy 記得把自己的心願和想法變成「我們」，Mars 漸漸覺得 Amy 愈來愈愛他，終於在某個動人的情人節向 Amy 求婚。其實 Amy 沒有變，變的只是兩個人，兩個字，感情的走向便大不相同了。

所以，在你下次說話時，不妨把「我」換成「我們」！

4、不要讓運氣卡住自己

A、B——

A：我希望上天能保佑我中大獎，從此改變我困頓的生活。

B：那你為什麼不去找份工作呢？這樣更實際一點！

A：老兄，別開玩笑了！我就只要中大獎的運氣，找工作？還是算了吧！

B：……。

運氣有好也有壞，有的人做生意發了大財，別人會羨慕地說：「他怎麼會有那麼好的好運氣啊！」可是當他若是某天走在平坦的大路上，不知道為什麼摔斷了骨頭，那別人肯定就會說：「噴

嘖，這人運氣怎麼那麼差呢？這樣的路上都能摔倒！」

其實，運氣這個東西有時候是能把握的，比如說那位做生意發了財是因為很有遠見、為人誠懇又踏踏實實、埋頭苦幹，而摔倒的那天則是因為又談成了一樁大生意，高興喝了點酒，再加上平時的奔波勞累，沒注意身體的保養，以致於自己已經有了骨質疏鬆都不知道，因此才在酒精的作用下摔了一跤跌斷了骨頭。那你說他的運氣是好還是壞呢？其實，好運氣也罷壞運氣也罷，**我們都不要**

讓「運氣」這個東西來卡住自己！

很多人都信「運氣」，如同香港的一個電影中所演，一個天生「霉運」的人，早上起床就要看自己的風水，根據五行挑選適合自己顏色的衣服和手機，在屋子裡擺滿了陣法希望自己能夠轉運。結果她依然出門滾下樓梯，坐車遭搶劫，上班會遲到，客戶上門被同事搶走。她總是埋怨自己的運氣不好，做什麼事都不專心，最專心的事情就是去找風水大師求神問卜。她完全把自己的命運交給了「運氣」，什麼事情都緊緊抓住「運氣」的好壞來決定，而忘了那句非常經典的話：「命運掌握在自己的手中」。

我有一個朋友運氣挺好，無論是學業還是工作都是一帆風順。上學的時候大家都在拚命學習，大腦總像不夠用似的，可是每次看他學習都感覺好輕鬆，把書本看過一遍就出去打籃球了，回頭考

220

試人家還是能考進前三名。那些用功用腦的人始終進不了前三名，總是排在四、五名上下。

考大學的時候他也是很順利，一下子就考中了自己喜歡的大學，選擇了一個當時很炙手可熱的科系，讓旁人羨慕不已。那些學習刻苦的人考試成績卻並不那麼如人意，為了挑選學校絞盡腦汁。

不過，他的運氣並不如我們想像的那麼長壽，上大學之後競爭異常激烈，他也便顯得不是那麼突出了。在感情問題上他也沒有延續自己慣有的「好運」，原來他偷偷喜歡上了一個漂亮的女同學，好不容易鼓足勇氣表白後，卻被拒絕得不留一絲餘地，從那以後，老天爺似乎有意和他作對，凡是他喜歡上的女孩子都不喜歡他，凡是喜歡他的女孩子都讓他很反感。一直到大學畢業，他始終在感情問題上很糾結，因為一直處理不好自己的感情問題，也曾一度頹廢，差點連畢業證書都沒拿到。

另一個朋友最近的「運氣」特別不好，整個人看起來都很委靡，以前精神奕奕的他，現在總是垂頭喪氣，好像一個小老頭。究其原因是他在工作中丟了很大一筆生意，因此遭到了老闆的白眼。其實那筆生意他可能拿到，只怪當時自己運氣不好，拿錯了給客人的資料，結果失敗告終。老闆因此非常生氣，扣了他很多薪水。

禍不單行，他剛買的股票在第二天竟然暴跌，等他忍痛割捨拋售之後，過了一陣子那股票竟然又漲起來了。生氣的他，出門叫車，半路車壞。等候公車，等了將近一個小時才發現自己站錯了站牌。快到家的時候發現自己沒帶鑰匙，只好又返回公司拿鑰匙。再次回家的路上，天上下起了暴雨，

221

他在雨中站了很久都沒有叫到車。等他狼狽地回家時，發現原來家裡的門並沒有鎖好，他不用鑰匙也能進去。

「運氣這麼糟糕，我該怎麼辦？有沒有辦法讓我的運氣變得好一點，我真的快被壞運氣折磨瘋了！如果這樣下去，我以後連門都不敢出了，什麼事也做不好的！」他抓狂地抓著自己的頭髮，連連嘆氣，樣子憔悴極了。

其實很多時候，我們把平時生活中、工作中遇到的問題都看得太重，放大了來看，就好像在一個呼啦圈裡放幾個乒乓球，它們代表壞運氣，互相不會觸碰到，但如果放幾個籃球進去，這幾個壞運氣就緊緊地挨在一起。

我們的確有「運氣」不太好的時候，壞運氣讓你的工作、生活產生不順的感覺，可是千萬不要因為壞運氣的出現而徹底否定所有的東西，它們不過是人生的一種生活表現而已，並不值得為此過於揪心。

當然，如果你相信「運氣」可以左右你的生活，那我告訴你一種能夠「轉運」的辦法，多按照這種辦法去做，你會發現你的「運氣」會逐漸變好，人會變得輕鬆很多。

調整心態，從內心中將所有壞運氣趕走。幸運的人通常會保持一種較為輕鬆的心態，他們更願

意嘗試新的事物。

有時候相信直覺會給你帶來好運氣。

那些我們認為幸運的人會一直存有實現心願的希望，並強烈希望好運氣能一直相伴。如果一個人每天花幾分鐘時間想想當天發生的愉快事情，就會覺得自己一直有好運相伴。

積極的心態讓我們有可能透過積極地看待事物，將壞運氣轉好。比如我們真心盼望自己的挑戰會有一個很好的結果。良好的心態會像磁石一樣吸引好運氣過來。即使最後的結果是不盡人意的，也要認為這樣已經很幸運了。要記住，事情本來有可能會變得更糟。

這幾條辦法非常靈驗，它們來自一位偉大的心理學家，他的名字叫理查．懷斯曼。懷斯曼博士是英國赫特福德大學久負盛名的社會心理學教授，他用很長時間去研究人們的日常行為對各自生活和人生軌跡產生的影響，也就是說，他用很多年來研究的問題是——人類的什麼行為和幸運有關，什麼行為又讓人們和原本應該發生的好事失之交臂。在他一本非常著名的著作中提到：「**幸運不是魔法，也不是上帝賜予的禮物。幸運與否，是由你的思想和行為來指向決定的**」。

他曾經說過，幸運因素百分之九十取決於自身，機率因素不過只占了百分之十。那些「幸運」的人，他們覺醒，他們靈敏，他們不吝嗇嘗試，他們更加歡迎機會和新鮮事物的出現和發生。如果幸運就是整天在正確的時間出現在正確的地方，或者是在正確的地方做對了正確的事情，那麼所謂

正確——都是取決於思想和觀念是否在一個謂之「正確」的領域裡。

根據這幾條法則，我的那位朋友如果能這樣想：幸虧失去的只是一份訂單而不是自己那收入豐厚的工作：老闆只是扣了他的一些薪水，還好不是扣完所有；股票投資風險太大，雖然自己損失很多，可是這讓自己記住，將來一定要沉住氣、耐心等待好的時機；叫的計程車雖然半路壞了，可是因為半路壞了司機並沒有讓自己付錢；站錯了公車站，幸虧跟別人打聽了一下，不然豈不是要站到天黑？雖然沒帶鑰匙，又忘了鎖門，小偷並沒有來光顧，也算是躲過一劫。想來想去，自己雖然「運氣」不是太好，但「幸運」還是存在的，而且壞運氣如同天氣一般，來回變換，不會長久待在自己身上。更何況自己身上還會有「好運」的出現，以後自己再也不會被壞運氣卡住了！

5、送給說話直率的人

情景設置

A、B、C┐

A：B，妳瘦啦！漂亮了很多呢！

B：哪裡哪裡，還是那樣啦。

C：拜託，A，她明明變胖了！B妳趕快減肥啊！

B：……。

有這麼一個笑話：

一個小孩上學的時候總被同學嘲笑頭很大，他非常沮喪地回家問媽媽：「很多同學說我的頭很

大很醜，是不是這樣媽媽？」

「不會的我親愛的孩子，你的頭一點也不大！」媽媽在廚房忙碌著，她安慰自己的孩子，然後說，「我正在做飯，孩子，你幫我去超市買三斤黃豆回來吧！」

「好的媽媽，裝黃豆的袋子在哪裡？」

「用你的大帽子就能裝下了。」

這則笑話裡的媽媽雖然哄騙自己的孩子頭沒有別人說的那麼大，但是最後說的話卻很直接，讓自己的孩子用帽子裝那三斤黃豆，非常好笑。如果我問你，你喜歡說話比較直的人，還是喜歡說話委婉的人，很多人第一反應可能會選擇「說話比較直的人」，然後總結出很多理由：比如說話比較直的人一般性格都很直爽，有什麼說什麼，有事情不會藏著，在背地裡說人壞話，所以不用防他們有什麼壞心眼。

可是，雖然說話直有千般萬般的好處，但是，時間長了大家就會覺得，**跟說話比較直的人在一起實在是有點累**，即使是好意也讓人聽了不舒服，他們太直接地指出你的缺點和他們的看法，卻一點面子也不留給你，很容易讓人陷入尷尬的地步，有時候確實讓人抓狂。

大家都知道「良藥苦口利於病，忠言逆耳利於行」，忠言如果毫無顧忌直接地說出來，總是有些對不起我們耳朵的。

226

而說話委婉的人，最懂得掌握一些說話的技巧，當他們和你說一些問題的時候，能夠透過有技巧的談話讓你明白他的心意，同時也能顧及你的感受，讓大家不至於那麼尷尬，當然，跟這樣的朋友在一起總有如沐春風的感覺。

說話委婉的人，能夠把不中聽的話說得不是那麼讓人難以接受，把那些帶著尖刺的語言用一種柔和的方式表達出來。委婉說話相較於直接說話的最大好處在於，聽的人不會被逆耳的話當場激怒，或者心裡留下什麼陰影，相反，他們會比較順利地接受你的意見或者建議。

小葉剛工作不久，有很多事情還不習慣，所以他在整理資料的時候經常會犯些小錯誤，一個和他搭檔的同事雖然總是好心地指點他，可是這個同事說話卻讓人有些受不了，小葉為此很苦惱。

說實話，被同事「指點」的時候，小葉總是覺得面子上掛不住，想要發火又不好意思發，可是不發火心裡又難受。於是幾次下來，小葉開始迴避跟這個同事在一起工作，漸漸疏遠他。對他的態度也不像以前那麼尊重了。即使他說的什麼話是對的，小葉也不願意立刻照著他的話去做。

有一次小葉把出進貨紀錄記錯了，幾個人忙了一上午清點的庫房紀錄完全搞亂了，原本可以輕鬆一下的午飯時間只好用來重新進行清點作業。大家都對小葉不懂卻又不問大家的工作態度表示不滿，而那個說話直接的同事拿著出進貨紀錄本說：「小葉，進貨紀錄在前面，出貨紀錄在後面，

你用用心就能看清楚！這些紀錄都是一目瞭然的，你好歹也是一個大學生，怎麼連這種簡單的事情也做錯？以前我們這裡的記錄員高中畢業都沒出過錯，你大學是不是白上了？你剛工作不懂怎麼記錄，為什麼不問問我們呢？」

小葉害大家中午不能休息本來就很內疚了，在這位同事一番「太直接」的指點之下，真是又羞又愧，眼淚差點都掉下來了，同事愈指點他怎麼做紀錄，他腦袋裡就愈一片空白，一肚子都是氣。後來索性乾脆跟這個同事作對，根本無視他的指揮，兩人的關係愈處愈緊張。那位同事也是一肚子火，不斷地說小葉笨，小葉氣得幾乎跟他吵起來。

小葉的另一個同事看著他們兩人氣氛有些尷尬，連忙過來打圓場：「小葉畢竟還年輕，我們誰年輕的時候沒犯過錯誤呢？這幾天工作比較忙大家都很累，小葉又是第一次接觸出進貨紀錄本，搞錯了也是可以理解的。我們大家多幫忙一些就沒事了。不過我相信，小葉這麼聰明，我們給他一些時間，以後他應該不會犯這些小錯誤了！」

小葉感激涕零地看著這個說話委婉的同事，因為他的話給了小葉一個臺階下，既安慰了內疚的小葉，又鼓勵了他。這種委婉和藹的談話幫小葉解了圍。其實，他和那個說話直接的人是一樣的，兩人都是想要幫助小葉，但是說話直接的人卻在不經意之間把小葉得罪了，因為那種太直接的語言實在讓人無法接受。而說話委婉的人不但能把自己的意思表達出來，而且能讓對方更能夠接受自己的意見。

228

可見兩種方式的效果的確有著天壤之別。從那以後小葉經常向這位同事請教工作的事情，也跟他成了好朋友，工作上也有了很大的進步。

俗話說：良言一句寒冬暖，惡語傷人六月寒。很多時候說話太直的人說出來的並不是「惡語」，但卻能夠像「惡語」一樣讓人心裡不舒服。有些話太直接地說出來，會讓人沒有一點餘地可留，在特定的氣氛和環境之下，對方會覺得十分尷尬。即使說話的人是好意，這種太直接的話也讓人難以接受。

很多人都希望別人對自己說話要中肯，可是說得很直接的「中肯的話」會把談話的氣氛搞得很僵，讓人不太好接著話說下去，如果誠懇地接受對方太直接的批評，那豈不是要顏面盡失？如果被對方說得怒火中燒要發脾氣，可是一想人家說的事情是對的，自己確實在某些地方做得不對，這樣的話想要認錯不是，想要翻臉也不是，既領會不到說話人的一番好意，又憋了一肚子氣沒處發洩，真不知道該怎麼辦。

會說話也是一種技巧，會說話的人善於察言觀色，用詞委婉，語氣也比較平和，即使是批評別人，也會盡量顧及人家的心情感受，話不會說得太死，讓人下不了臺，心裡無法接受自己的批評。同時也會讓別人心悅誠服地接受自己的批評，從而改正缺點，雙方都很容易達到目的。

女孩剛嫁人沒多久，跟公婆住在一起。她從小嬌生慣養不會做飯，但口味卻很挑剔。剛結婚幾天都是婆婆做飯，婆婆家飯菜的味道比自己家裡過於清淡，她吃了兩次感覺非常不滿意，於是婆婆再次開飯的時候，這女孩舉著筷子不肯夾菜，說：「媽，妳做的菜也太難吃了吧！一點味道也沒有！妳總是捨不得放油，我們家又不缺那點油錢！我媽說炒菜油放多些才會香的，我媽做菜可好吃了，哪天讓她教教妳就好了！」

女孩的婆婆一聽這話，心裡彆扭極了！想想自己從早到晚一天三餐不辭辛苦地去買菜、洗菜、做菜，兒媳婦喜歡吃什麼她都盡量滿足，結果換來這樣一番「批評」，感到委屈，於是她乾脆挑明不幹了，甚至連話都不想跟兒媳婦說，家裡的氣氛一下子冷淡下來，這女孩看公婆都不愛搭理自己了，很鬱悶。

女孩這些話如果對養育了自己二十幾年的媽媽說，也許會被自己的媽媽當作撒嬌，自然會按照女兒的口味調整菜餚的味道，可是這句話跟才住在一起幾天的婆婆說，人家聽了就有些不是滋味了。

她的媽媽知道這件事之後，跟她婆婆說了一番話，立刻緩和了兩人之間的誤會，她是這樣說的：

「親家母，我先替女兒跟妳道歉。其實我女兒從小性格就直爽，說話比較直，妳也看得出來她其實沒壞心眼，就是說話有時候不經大腦，想什麼說什麼，她心裡愈覺得跟妳熟，說話就愈大剌剌的，妳千萬別跟她計較啊！我女兒從小口味比較重，喜歡吃紅燒的菜，喜歡醬汁比較濃郁的味道，可是她卻不知道你們家這種清淡的做菜方式其實是一種健康的生活方式，吃得清淡對於保護人體的心血

230

管是有好處的，對我來說，我很支持你們家這種健康的做菜方式呢！這樣，有時間我們跟她好好聊一聊，親家母妳是明白事理的人，我女兒跟著你們不會受委屈的！」

自從女孩的媽媽跟她婆婆談過以後，女孩的婆婆反而破天荒地主動向她媽媽學了幾道拿手菜，這幾道菜都是女孩在家時愛吃的東西，她也把自己健康清淡的做菜方式跟女孩做了溝通，在以後的飯菜上經常紅燒、清淡相互搭配，女孩也體諒婆婆做菜的辛苦，婆媳兩人感情愈來愈好了。

一句話能成事，一句話也能壞事。奉勸很多「說話比較直」的人，適當換一種委婉的說話方式，讓別人更能夠接受你說的話，那就比較容易成事了！

6、與孩子這麼說才會聽

情景設置

A（兒子）、B（母親）——

A：媽媽，我的同學們都說我又變胖啦！我是不是應該運用「熱脹冷縮」冷縮一下？

B：那你準備怎麼「冷縮」呢？

A：我決定先吃一大筒冰淇淋！

B：……。

很多父母常常會抱怨自己的孩子──不會說話、嘴笨；淘氣、調皮、愛搗蛋；不懂禮貌、打架；學習能力差、總是愛玩；丟三落四、粗心大意……俗話說：父母是孩子的第一任老師。身為父母的

你們有沒有想過，很多時候自己對於這些後果的產生，負擔著多大比例的責任？**好父母決定孩子的一生，所言非虛，不過，一切的教化都須按部就班來實施。我們先從父母與孩子之間的說話之道開始談起。**

Part 1 : 多對孩子說「OK」

成年人做為家長總是習慣用自己的思維方式對待孩子，家長們都是望子成龍、望女成鳳，很多家長對孩子懷有殷切的希望，早早地為孩子安上「鋼琴家」、「畫家」、「大書法家」、「舞蹈家」……等等頭銜，對孩子要求十分嚴格，在迫切的「望子成龍，望女成鳳」的想法之下，無論孩子做什麼都覺得他們做得不夠好。

七歲的洋洋每逢週六、日都會被媽媽從被窩裡早早地叫起來，因為媽媽已經替他報了好幾門課餘的培訓課程，而週六、日洋洋其實最想做的就是睡一個懶覺。不過，媽媽總是對他說：「吃得苦中苦，方為人上人」，洋洋雖然不太明白這句話是什麼意思，但好像與自己的未來有著莫大的關係，所以無論多麼不高興，也要按照媽媽的意思去做。

有一次課外輔導暫停了一上午的課程，洋洋高興地對媽媽說：「媽媽，我想去公園玩，我想去

坐海盜船！」

媽媽卻想都沒想就回絕了洋洋：「不行，洋洋不能偷懶，我們可以趁現在有時間，多背一些英文單字。」

洋洋一心想出去玩，卻聽不到媽媽一句「OK」，心裡自然失望起來。接下來洋洋背單字的時候怎麼也提不起精神來，整整背了一上午也沒記住幾個，而且媽媽愈催他效果愈不好，最後簡直演變成了跟媽媽的一場「戰爭」！

相較之下，十歲雪兒卻幸運很多，因為她的媽媽十分懂得尊重自己的意願，經常面帶微笑地跟雪兒說「OK」！雪兒一直覺得自己是一個幸福的小孩，因為她的很多同學都跟她一樣喜歡那個會說「OK」的媽媽。

在學習方面，媽媽從來不過多地干涉雪兒。雪兒並沒有像同學那樣學習很多課外輔導，因為雪兒對媽媽說：「媽媽，我週末的時候只想跟小朋友們去玩，我不喜歡在週末也學習。我能不能只報一個鋼琴班，因為我不喜歡學英語也不喜歡學畫畫。」

媽媽說：「OK！興趣是最好的老師，妳喜歡學鋼琴當然好了，媽媽一定支持妳！在學完鋼琴之後，妳的時間就歸妳支配了！」

雪兒便成為小朋友中最輕鬆的一個，她週末的時候和小朋友一起去公園玩耍，還帶了很多媽媽幫她準備的食物和大家野餐，很多小朋友都羨慕雪兒自由自在的生活。

從那以後，雪兒經常會帶小朋友回家寫作業，她的朋友都知道雪兒的媽媽是一個非常通情達理的媽媽，他們有什麼心事也都願意跟雪兒的媽媽說，雪兒的媽媽不但跟自己的女兒成為了好朋友，也獲得了雪兒朋友的愛戴。

瞭解自己的孩子，要保持對孩子足夠的耐心，要懂得對孩子說「OK」，讓孩子看到家長發自內心的支持和贊成，讓孩子看到家長臉上和藹的笑容，孩子們才會真正地信任家長，和家長交心。

很多家長在工作一天下來，看到孩子提出的各種要求感覺很煩，有時候很輕易地隨口就拒絕孩子，「不行！」、「不好！」、「不對！」、「你最好聽話！」、「你怎麼這麼多要求啊？」……等等，都是一些家長的口頭禪。有些家長可能是漫不經心說出來，有些家長可能是因為覺得孩子做得不好，一點都不給孩子留面子就直接說出來。他們不知道這樣的話會打擊孩子的自信心，一點一點地把孩子的自主性、靈動性消磨掉。

孩子們在接受家長批評、否定的同時，也會覺得自己所做的事情是不好的，想要做好就要完全按照爸爸媽媽的話去做。長久下來，他們那種發自內心的創造力和爆發力就會消磨殆盡，取而代之

的是對大人的依賴性，他們變得不會獨立思考，一旦遇到什麼問題都不會用自己的辦法去做，唯一想到的就是依靠父母。

多對孩子說「OK」，其實是給孩子一種自我發展的機會，給了孩子更大的發展、思考的空間，自己也多了很多傾聽孩子心聲的機會。這樣能讓做父母的更加理解孩子，也讓孩子深深地感受到自己被父母呵護和尊重，同時他們也會把自己放在和父母、成人平等的位置，會變得更加尊重父母和他人。

有些家長會說：如果我對孩子的任何要求都說「OK」，任由他們的性子，那他們豈不是要造反？比如他們不喜歡學鋼琴、學英語，甚至不喜歡學校的某一門課的老師而因此不想去上學，難道我也任由他們任意妄為？我經常反對孩子做這個、做那個，是因為害怕我的孩子學壞，雖然我限制了他們的很多活動，可是我的目的是為了保護他們，為了讓他們在學習的道路中獲得進步。當今社會競爭那麼激烈，如果我的孩子不多學習一點課外才藝，將來萬一在激烈的社會競爭中失敗怎麼辦？

家長這樣的考慮的確有必要，但是我們要知道這樣一個事實：孩子在成長的過程中需要經歷很多不同的事情，其中有成功、有挫折，有一帆風順也有波折坎坷，而且孩子們會在成長的過程中接觸各種不同的人、不同的環境，他們需要有自己的判斷力和自己的交往能力。自主意識較強的孩子，往往能夠在以後的社會競爭中更能夠調整心態適應社會，也更能保護自己。父母對孩子多加鼓勵，讓孩子多一些自主思考，有獨立的自主意識其實也是對孩子的一種鍛鍊。這樣的孩子比那些溫室裡

長大的花朵，將來的適應能力和抗壓能力可好多了！

很多時候孩子的做法是錯誤的，父母看到了自然不會再說「OK」，而是用嚴厲的語言批評孩子。可是我們想一下，我們一味地指責並不能讓孩子把做錯的事情回歸原狀，卻會讓孩子的自信心大受打擊，產生自卑心理，以後遇到同樣的事情他們還敢自己去做嗎？

有很多家長說，如果不對孩子進行懲罰，他們是記不住自己做錯事的！不過其實對於孩子做錯事，家長切忌過於嚴厲的批評。我們所要做的就是跟孩子談心，讓他們認清自己做錯了事、為什麼會做錯、以及遇到問題應該怎麼做。孩子們有孩子們自己的想法，我們點到為止，不要過多干涉與追究。

這個時候，做家長的雖然不能直接說「OK」，但我們可以盡量用平靜的語氣和孩子談一下。讓孩子認清自己的錯誤，同時也要多鼓勵、多支持孩子，要多安慰一下他們，讓孩子自己總結對錯，自己尋找解決問題的方法，樹立堅強的信念和自信心。

多對孩子說「OK」，才能擁有一個好孩子！

Part2：認同孩子的「煩躁」情緒

大人因為工作、生活的種種不便經常會有些煩躁的情緒產生，使自己食不下嚥、夜不能眠、坐立不安，總是想找什麼來發洩一下脾氣。殊不知孩子也會有同樣的「煩躁」情緒。

很多家長會說，小孩子能有什麼煩躁產生呢？他們不用負擔家庭的生活重任，不用擔心工作中產生的心理壓力，也不用煩惱柴、米、油、鹽、醬、醋、茶等等各種家庭瑣事。小孩子的生活應該是最快樂的，餓了父母給他們做好吃的，渴了父母給他們買各種營養的飲料，吃喝不但不愁，家長還會給一些零用錢用來買玩具、買零食。很多家長都會想，小孩子的「煩躁」情緒是哪兒來的呢？他們是不是真的產生這種令人不安的情緒呢？

小孩子的煩躁情緒在大人眼裡看來可能無足輕重，可是對小孩子來說卻是很重要的。有很多家長並不認同孩子的這種情緒，對孩子的「煩躁」毫不動容，甚至有時候被孩子鬧煩了，還會罵一頓，讓他安靜下來。

做為家長，這種做法是十分危險的，對小孩子也是很不公平的，他們跟我們一樣，在煩躁的時候也需要別人的安慰和心理疏導，甚至需要一個方式來發洩心中的鬱悶之氣，才不會對孩子產生什麼不良影響。要做到這些，首先家長要認同孩子們也會存在「煩躁」情緒，更要認真對待。

小志是我朋友的鄰居家的小孩，今年剛剛十四歲，小志六歲的時候父母離婚，他一直跟著母親和外婆生活，雖然母親和外婆給予他很多的愛，可是在這個情感缺失的家庭，讓小志一直生活在沒有父愛的環境中，常常被同學嘲笑不說，因此還產生了一些煩躁情緒。

小志的母親因為工作忙忙的關係，經常顧不得管教兒子，而他的外婆也因年老體弱無法幫助小志紓解心裡的鬱悶。有一段時間我的鄰居常常聽到小志的家裡傳來摔東西的聲音，身為關係不錯的鄰居，他敲開小志家的門後，卻發現小志把自己一個人反鎖在房間裡。小志當時正在大發雷霆，把房間裡能摔的東西統統摔在地上，還用剪刀把自己的床單、被子統統剪破。小志當時的表情非常嚇人，雙目怒睜，一雙布滿了血絲的眼睛裡充滿憤怒，他緊緊咬著自己的嘴唇，以致於嘴唇幾乎被咬出血來。

小志拿著剪刀的雙手在微微顫抖，他那瘦小的身體也在發抖，頭髮凌亂地貼在自己的臉上，臉色一片鐵青。我的那位朋友連忙奪下小志的剪刀，憤怒的小志把我的鄰居推開，然後轉身把自己的頭向牆上用力地撞。

我朋友連忙過去抱住那個憤怒的孩子，他那瘦小的肩膀在我朋友的懷裡顯得十分柔弱。我朋友也是一個有十幾歲孩子的父親，他對孩子一向十分細心，雖然他不知道小志為什麼會有這種激動的情緒，卻很清楚孩子此時心裡十分煩躁，以致於做出這些激烈的行為。現在一定要好好安慰他，幫他梳理情緒，放鬆精神，尋找到心裡煩躁的根源，才能幫助他。

我的朋友拍著懷裡的小志說：「孩子，叔叔知道你現在心情不好，有什麼不開心的事情千萬別傷害自己，可以告訴叔叔、告訴你媽媽，沒有什麼事是辦不到的，再難的事情只要我們想辦法就一定可以度過難關。叔叔平時就覺得你是一個好孩子，叔叔也很理解你的處境。這樣，現在你跟叔叔去家裡坐坐，有什麼不想跟別人說的話可以跟叔叔聊一聊，叔叔幫你做主。」

然後我的朋友把小志帶回家，泡了一杯茶遞在孩子手中，他發現那個孩子的手依然在顫抖，不過臉上的表情卻平靜了很多。於是我朋友打鐵趁熱道：「小志，我知道你媽媽每天都很忙，不能好好地跟你聊天說話。現在你有什麼不開心的可以跟叔叔聊，把叔叔當作你的好朋友，有什麼事情叔叔可以幫你跟媽媽說，你相信叔叔，叔叔會盡力幫你的！」

小志怔怔地看了看我那位朋友，囁囁半晌，終於哇地一聲哭了出來。我那位朋友連忙過去讓小志靠在自己的懷裡哭，一邊幫他遞紙巾一邊輕聲安慰：「哭吧哭吧！哭出來就好了。把心裡的不痛快都哭出來，小志是好孩子！」

後來小志的母親趕回家把兒子帶了回去，那位做母親的面對兒子的種種表現感覺不可思議。她從來沒想到過一個十幾歲的小孩子還會因為心緒煩躁導致如此暴戾的行為。她一直認為，雖然孩子沒有父親，可是自己的生活條件還是很好的，因為疼愛孩子，雖然不能經常跟孩子交心，卻盡可能地給孩子更多的零用錢，只要他喜歡的衣服、玩具無論多貴都會買給他，在同齡小孩中，自己的孩子無論吃穿都是很不錯的。她實在無法理解孩子為什麼會有這樣的煩躁情緒。換句話說，這位母親

240

根本不認同一個生活富裕、條件優渥的孩子應該有什麼煩躁的情緒。

幾天以後，我那位鄰居打電話給我的時候突然哭了，原來孩子的母親之後還是沒有怎麼安慰孩子，因為工作的關係，只是給了孩子一些錢讓他去買喜歡的東西來發洩，又趕著去上班了。沒想到孩子的情緒在後來幾天依然得不到緩解，昨天晚上因為一點小事跟母親大吵一架，沒想到第二天就自殺了。我的朋友非常痛心，如果當時他的母親能夠多一些耐心，認同孩子產生的這種不良情緒，並及時疏導孩子的心理問題，那這樣的慘劇是不會發生的。

十幾歲的孩子正處在青春期，心理波動比較大，情緒變化也很快，做為家長千萬要在這個時候多多關注孩子的心理變化，既不要過多地干涉孩子的生活，也不要對孩子的情緒變化視若無睹。太過干涉孩子的生活，會讓孩子對家長產生厭煩感，管得太多，他們心裡有什麼話也不會訴說。但是更不能對孩子的情緒、心理變化視若無睹，要即時把握他們的心理動態，無論是他們開心或者煩躁都要對他們產生的情緒注意，要適當地進行一些安慰和疏導，盡量找機會和他們聊一聊，確實需要家長幫助的事情，一定要盡量幫孩子去做。

值得家長注意的是，不僅是十幾歲的青春期孩子，甚至幾歲的孩子也會產生煩躁情緒。孩子們雖然不為生活中的吃喝發愁，可是他們也有自己的玩伴、朋友，也許問題就產生在和朋友的關係上，

或者學校的功課上。總之孩子們的煩躁情緒只要一發生，總能夠找到與之關聯的原因。有些更小的孩子甚至無法表達自己的煩躁情緒，他們會用啼哭來告訴家長：我不舒服了、我太冷了、我太熱了、我口渴了、我的尿布濕了、我需要人陪伴、我想讓媽媽抱著等等問題，只要做家長的肯用心觀察，肯花時間和孩子溝通，我們的孩子一定能夠健康成長的！

認同孩子的「煩躁」情緒，認同孩子那些看起來似乎並沒有什麼的「不良」情緒，用溫暖的語言為他們建造一個溫馨的港灣，從此做一個稱職的好家長！

Part3：在規定的範圍內答應孩子的請求

有些家長對給孩子的承諾毫不重視，有的家長無論孩子提出什麼請求都毫不猶豫地答應下來，結果能不能做到卻很難說，一旦自己無法做到對孩子的承諾，又輕易地放棄之前答應的事情，**讓孩子失望很久，會逐漸對家長產生不信任的感覺。**

有的家長對孩子的請求一概不同意，認為小孩子吃喝不愁，還總是要這要那是很過分的。一旦孩子想要什麼東西或者做什麼事情，家長就板著臉說：「不行！」時間一長，孩子不會再跟這樣的家長提什麼要求，因為他們心裡已經不再想著家長是他們的最大依靠了。

孩子們會提出很多要求，家長可以選擇能夠做到的，有選擇性地答應孩子的請求。一味地反對

242

孩子，會讓孩子覺得家長過於嚴厲，不利於孩子的成長；而不管對錯，一味地答應孩子所有請求，認為自己有錢孩子怎樣都行！這樣會寵壞你的孩子，讓你的孩子變得驕橫奢侈，不懂得珍惜，更不利於孩子的成長。

所以我們要有選擇地答應孩子的要求，給孩子立下一個規定，在規定範圍內的事情是可以答應孩子的，在規定範圍之外的事情，是不能答應孩子的。而且，一旦答應了孩子的請求，就一定要遵守自己的承諾，千萬不要違背諾言，給孩子樹立一個壞榜樣。

想要做一個好家長，想要培養一個好的孩子，做為家長首先要重視自己的承諾。那麼如何才能達到最好的親子關係呢？在規定的範圍內去答應孩子的請求，超過範圍的請求要盡量跟孩子解釋清楚不能辦到的原因，獲得孩子的理解；如果孩子的請求在我們的規定範圍之內，我們答應孩子的請求一定要及時地完成，讓自己在孩子的心中樹立一個重承諾、值得信賴的良好形象。這種良好的形象樹立起來之後，孩子們自然會跟家長的感情更進一步，孩子會跟父母更加貼心。

一個陽光明媚的早晨，Dean 的妻子打算去市場上買一些東西，她梳妝打扮好了以後就要出門，誰知道兒子從後面趕過來，哭著、鬧著想要跟媽媽一起去逛市場。因為孩子還小，市場人多，帶著他去十分不方便，Dean 的妻子不想帶兒子去。可是兒子哭鬧不停，Dean 的妻子沒辦法了，知道兒子

喜歡吃肉，只好哄他說：「你乖乖在家等我回來，我買了東西之後就回來殺豬給你燉肉吃。」兒子因為太喜歡吃肉了，一聽媽媽說有肉可吃就安靜了下來，在家乖乖等著媽媽回來殺豬燉肉。

Dean 的妻子從市場趕回來時，看見 Dean 在院子裡抓豬來殺，她急忙過去攔住丈夫道：「我說要給兒子殺豬燉肉是哄他的，是說著玩的，你怎真的殺豬了？家裡養的豬是為了給過年過節做菜預備的，你怎麼能拿哄孩子的話當真呢？」

Dean 一本正經地說：「在小孩子的面前是不能說謊的。他們年紀還小，如果妳現在經常說謊話欺騙他們，他們自然會從妳、我的身上學會欺騙別人。妳經常哄騙他，答應他的事情不做到，妳就會在他的心裡變得沒有誠信，將來孩子也不會再相信妳了！」Dean 的妻子覺得丈夫說得對，於是放開丈夫，讓他去實現自己對兒子的承諾。

Dean 殺豬的故事告訴我們，答應孩子的事情就一定要做到，如果你答應不了，千萬不要哄騙孩子，因為你一旦開口答應，你在孩子的心中便會呈現一個不同的形象，如果你遵守承諾，那你的形象就是良好的、光輝的，如果你不遵守承諾，你的形象將會變得黯淡下來。孩子們會在我們好或者不好的言傳身教下成長，所以遵守承諾的重要性就不言而喻了！

所以如果孩子對家長提出什麼請求，家長們一定要認真地考慮看看能不能答應孩子的請求。

Case B

在規定的範圍內答應孩子的請求，不會讓自己太過為難；如果孩子要求的事情超過了我們的能力範圍，我們也千萬別因為太溺愛孩子而毫不顧忌地答應他們的請求，因為一旦不能實現諾言，我們將會成為一個失敗的案例呈現在孩子們的面前。

媛媛是我國中時候的好朋友，小時候我經常去她家裡玩，當時我們有很多同學一起玩，後來因為媛媛經常說大話，很多小朋友都不喜歡跟她在一起玩了。

記得有一天早上我去找媛媛，看見媛媛的兩隻眼睛紅紅地坐在自己的小床上哭泣。我連忙問她怎麼了，她哭著告訴我，她媽媽答應買給她一雙運動鞋卻食言了。她媽媽說，只要她考試考滿分，就買給她那雙上千元的鞋子。在我們求學的那個時候，上千元一雙的鞋子還是很貴的。我見過媛媛說的那雙鞋子，質感好又美觀，被鞋店的店員高高地擺在櫥窗裡，讓過往的人們讚嘆那雙鞋的價值。我們都很喜歡那雙運動鞋，因為隔壁班的一個女生就穿著那樣一雙鞋子，每當她在操場上走過時，都會成為眾人矚目的焦點。

不過讓我沒想到的是媛媛跟她媽媽提了這樣一個要求，那時她家的生活條件並不是很好，如果花這麼多錢買一雙鞋子對家庭來說是一個不小的負擔。媛媛的學業成績一直不太好，沒想到她媽媽為了刺激她好好學習，竟然答應了她這個「高標準」的要求。更沒想到的是，媛媛為了得到這雙鞋

子也下了很大苦心去學習，竟然真的拿了個一百分回來。可是她的媽媽卻出爾反爾，沒有履行自己的諾言。

媛媛傷心地哭了一個晚上，她覺得大人都是不值得信任的，如果家裡真的買不起，可以不答應自己的要求。但是既然答應了自己，還用那雙鞋子當作學業進步的獎品，怎麼可以說話不算數呢？從那以後，媛媛對學業再也不關心了，我每次鼓勵她好好學習的時候，她總是這樣說：「學業好有什麼用呢？我考了一百分我媽都不重視我一下，我學業好給誰看？大人說話都不算話，我憑什麼非要因為他們好好學習？」

從那以後媛媛不但上課心不在焉，甚至會找各種藉口蹺課出去玩。時間久了她認識了幾個外面的不良少年，經常和他們一起到處亂逛，把學業拋諸腦後。後來她被學校退學，隨便找了個工作，因為不好做，經常換工作。後來在我們考大學的時候，她就已經隨便找了個男人結婚生子了。

家長的承諾對孩子的影響是巨大的。孩子年齡雖然小，但是他們的人格卻是與大人平等的，他們同樣需要被尊重的權利。做為家長，要認真維護孩子們的權利，從自身做起。我們可以認真地為孩子規劃一個範圍，針對孩子需要的各種東西都做一個範圍的劃定，**明確地告訴孩子什麼是可以答應的，什麼是不能夠答應的**。這樣就給了孩子一個明確的目標，也能夠幫助他們規劃自己想要的東

西、想做的事情。使他們明白自己的權利範圍有多大，如果需求超過了權利範圍，是一定不被家長允許的。而在自己的權利範圍之內，就可以明確地跟家長提出來，共同協商。

另外需要強調的一點是，即使孩子還小，也不能欺騙他們。做為家長一定要像 Dean 一樣嚴格遵守自己的承諾，把對孩子的承諾當作對自己的承諾，說什麼就要做什麼。因為你的話對孩子來說，是指引孩子學好的一個標準，也就是所謂的「以身作則」。

Part4：給孩子說話的機會

每個養育孩子的父母都希望自己的孩子健康、活潑、開朗，也希望自己的孩子有一天會成為人中龍鳳，他們對孩子的未來充滿希望，在孩子成長的過程中往往會對孩子嚴格要求，當他們認為孩子不聽話或是故意搗亂時，更是不懂得耐心、關心和細心地站在孩子的立場上去明辨是非，由於急於糾正孩子的錯誤，便會不分青紅皂白地進行批評。

給孩子說話的機會，就等於是和孩子的心更加貼近，教導孩子的前提是瞭解他，瞭解他的前提則是尊重，還要想方設法給孩子說話的機會。

莉莉的兒子是小學五年級的孩子，在五年級下半學期的時候，她發現兒子愈來愈淘氣，不是把

鄰居的窗戶打破，就是把人家院子裡的花草拔掉。據老師反應，兒子在課堂上也總愛打擾別的同學。

莉莉沒有馬上就嚴厲地批評兒子，而是先仔細觀察了兒子的一舉一動。她發現兒子似乎是因為一種焦躁情緒引起的，他總是打開課本看兩眼就放下，然後拿起鉛筆在課本上沒來由地亂畫，透過詢問老師才知道，兒子的成績下降了不少。

「這是怎麼回事？以前他不是這樣啊？」莉莉暗自困惑，她決定和孩子好好談談。一開始兒子一直沉默著，無論怎樣問話都是沉默著不回答。莉莉耐著心和兒子聊，當她說到是不是爸爸媽媽做得不夠好時，兒子的嘴巴動了動，看了媽媽一眼還是沒吭聲。

莉莉的心裡有了數，於是繼續和兒子檢討自己由於忙碌疏忽了兒子，是爸爸媽媽做得不夠好。這時兒子終於流著眼淚開口了，他說：「爸爸是不是不要我們了，為什麼這麼久還不回家？我的同學們都說父母要是有一個不在家超過三個月的，那他們就會離婚，妳要跟我說實話，你們是不是也打算離婚？」

莉莉一把摟過兒子笑著說：「兒子，哪裡有那麼嚴重啊！你父親是出差，走的時候不也和你說好了是一年嗎？這樣吧，我們給爸爸打個電話問他什麼時候回家，要讓他知道我和兒子都想他了！」

原來，莉莉的老公由於工作的原因不得不去國外一年，這半年裡，莉莉忙著自己的工作，總覺得給兒子吃飽穿暖就行，卻不知道由於父親很久沒有在家，兒子的心裡起了這麼大的波動。

電話接通的那一刻，兒子聽到電話裡父親的聲音，聽著父親說永遠愛他、永遠也不和他們分開的承諾時，兒子笑了，是那種開心的笑。

當然孩子的學業成績也隨著心結的打開，恢復到了以前的水準。

每個孩子成長的過程中難免或多或少受到情緒的影響，它們甚至會在心靈深處沉澱，並潛移默化地影響孩子們的行為，甚至左右他們的學習或是心理狀態。不過，當我們發現並果斷地剔除這些潛伏於心裡、干擾孩子們的真正原因之後，孩子所表現出的種種不好的現象便會逐漸隱退，甚至消失。

故事裡的莉莉如果沒有耐心地和兒子談話，引導孩子說出真正的心結所在，那麼她可能永遠不知道孩子在擔心什麼、在顧慮什麼。千萬不能讓孩子內心產生不良的情緒影響到孩子的成長，當明白了孩子心裡的顧慮後，那麼怎樣做、怎麼教育和引導孩子，相信每個父母都是知道的。在瞭解孩子的內心想法後，要採取積極有效的教育方法，不但顧及到了孩子的自尊心，而且同時也讓孩子知道，你和他一樣也需要家庭的溫暖和愛。

其實我們的身邊總是會出現，當帶著孩子做客或參加某個聚會時，父母處處剝奪孩子說話權利的情況。有個美國太太接待中國朋友和他們的孩子，讓她覺得最不可思議的是，當她問她的小客人

要什麼飲品時，那些中國父母總是替孩子做決定：茶喝多了睡不好，奶油吃多了會發胖。

那個美國太太只好說：「是孩子們想喝什麼不是你們想要的！為什麼不讓孩子說話，而由你們來為孩子做決定呢？」

在做客場合剝奪孩子的說話權的父母，大多是想把孩子的最佳表現呈現給大家看，做客時，卻忽略了孩子也是一個有獨立意願的人。其實讓孩子明白他的表現代表他自己的榮譽就夠了，做客時，只要孩子天真的臉上寫滿對主人的喜歡就夠了。

還有一種現象，那就是當父母為了生活忙碌時，忘記了和孩子的溝通，沒有及時地給孩子說話的機會，去理解孩子內心的世界，也會讓孩子的成長出現不好的負面影響。

Case B

Aimee 接到女兒學校打來的電話後嚎啕大哭，她不明白為什麼乖巧的女兒怎麼會吸食大麻。女兒十歲才來到美國和自己生活在一起，在美國短短三年的時間就變成了這樣，自己辛辛苦苦的賺錢不就是為了讓她生活得更好些嗎？

女兒放學後怯怯地走到 Aimee 身邊剛開口叫聲媽媽，Aimee 劈頭蓋臉地教訓女兒：「妳應該知道毒品害人，為什麼去沾染那些東西？是好奇還是跟別人學的？怎麼就不學好呢？要知道妳不努力學習，將來怎麼會有前途？我每天辛苦忙碌還不是都為了妳？妳對得起我嗎？」

250

女兒剛要辯解，Aimee立刻打斷她：「我和妳父親離婚時就發誓，我一個人也能把妳培養成人才，可是妳太令我失望了！妳為什麼就不能理解媽媽的苦心？」

Aimee的女兒看了看正在發脾氣的媽媽，眼裡含著眼淚，默默地回到自己的房間關上了房門。

慢慢地孩子不再主動和Aimee說話了，回到家就關上房門，掏出課本來看。Aimee依然忙碌著，她並沒發現孩子的變化，她甚至覺得這才是乖女孩的最佳表現。

半年後，Aimee瘋了一樣到處尋找女兒，原來她的女兒離家出走了。此時她才知道，女兒根本沒有吸食過大麻，那次是她走到吸食大麻的同學身邊時，老師剛好檢查，於是那個同學迅速地把大麻塞進她的手裡，老師誤認為是她在吸食，Aimee這才懊悔不已當初沒給女兒說話的機會。可是，現在一切都晚了。

其實，這個社會上大多數的人都在為了生活奔波著，其中的酸甜苦辣每個人也都體會過，但是如果讓一個成長中的孩子去深切地感受這些、清楚這些是不可能的。我們也經歷過成長，教育孩子時，不妨想想自己成長的過程和經歷。借鑑一下自己那時的困惑和迷茫，這樣也許更能體會孩子的心情。

在陪孩子長大的過程中，不管遇到什麼樣的問題，也要多想一想為什麼，千萬別急於做出結論，

一定要給孩子一個說話的機會，認真去傾聽孩子的聲音。特別是對待那些淘氣的孩子，更不能讓自己憑藉以往的經驗去下結論，這樣也許會傷害到孩子的自尊心。

要允許孩子犯錯，教導孩子在錯誤中真正汲取教訓，對於犯了錯誤的孩子，允許他們為自己的行為反駁，這樣我們才能及時瞭解到他們的想法，針對孩子的這種想法快速做出應對措施，而及時地去教導。這樣才能讓孩子們健康陽光地成長。

Part5：蹲下來，專心與孩子說話

每個孩子的成長經歷不同，也就造成了他們的性格不同，但不管有著什麼樣的性格的孩子，他們的內心都是渴望被認可、被尊重。有的家長因為忙於自己的工作，想盡各種辦法賺錢來給孩子提供最好的物質生活，因而忽視了孩子的精神世界，孩子就會因此不可避免地和你產生隔閡，也就是我們常說的「代溝」。產生「代溝」容易，而要化解這種「代溝」的難度是可想而知的。要知道，物質和精神是並存的，只有精神和物質相等平衡了，那麼孩子才會感到真正的幸福和快樂。

都說父母是孩子成長過程的第一任老師，父母和孩子以怎樣的方式溝通，對孩子來說很重要。

父母如果能用正確的方式去引導孩子，給孩子的身心發育提供最有益的教育，讓孩子在這種教育過程快樂地成長，這是每對父母給予孩子最寶貴的財富。反之，**則會毀了孩子一生，也會讓孩子偏離正確的人生軌道。**我們都知道，每個孩子都會在不同的年齡階段有著不同的身心發育特點，而我們

252

的家庭教育就必須根據孩子身心發育特點來進行，千萬別給孩子增加不必要的心理負擔，否則甚至會影響到孩子一生。

要給孩子說話的機會，因為每個孩子也都有自己的思維方式，並能根據自己的思維方式去認知整個世界。不要認為小孩子什麼也不懂，而把他們的思維或行事看成玩笑，也不要站在一個成人的高度去要求孩子。愛孩子就要尊重孩子，如果孩子做錯事情，或他們表現出想和你聊天的想望，那麼請蹲下來，專心和孩子說說知心話吧！

Case

Michel 和 Anne 是關係非常要好的朋友，在同一個學校同一個班級上學。她們都是十三歲，不同的是 Anne 性格開朗活潑，Michel 沉默內向。但有一點共同處那就是她們的學習成績同樣優秀。

週一那天剛進教室，Anne 就與沖沖地對 Michel 說，這個週末爸爸媽媽要替她舉辦一個生日宴會，到時一定要 Michel 參加，Michel 微笑著答應了。

Michel 放學回到家就和母親說能否給她一些零用錢，她要送 Anne 一個生日禮物，母親皺著眉頭對她說：「就知道要錢，現在賺錢多難啊！飯都吃不夠了，小孩子送什麼生日禮物？要送等妳自己賺了錢再說，願意送什麼就送什麼，我沒有錢給妳！」

Michel 看了母親一眼，含著眼淚小聲說：「媽媽，妳怎麼就不理解我呢？妳什麼時候肯坐下來

第六篇　把話說好，贏得人心

和我說話呢？別人的媽媽不是妳這樣的，她們都愛自己的孩子，妳看 Anne 的媽媽不是要給 Anne 舉辦生日宴會嗎？我不要宴會，我只要妳能陪我說話。」

媽媽一聽這話就火了，大聲責罵 Michel：「別人的媽媽過的是什麼日子，妳看看我的生活，我每天辛苦賺錢，不都是為了妳？當初就不該把妳生下來，讓妳和我一樣過窮日子！」Michel 沒再說話，她只是看了媽媽一眼就走進了自己的房間。

在 Anne 的生日宴會上，只有 Michel 是空著兩手，她沒給 Anne 任何禮物，可是沒有人注意到她的尷尬。

但是 Anne 看到她就開心得不得了，切蛋糕時還拉著 Michel 一起來。Michel 那天也表現得非常高興。誰也沒想到的是參加完 Anne 的生日宴會後，Michel 就割腕自殺了，萬幸的是媽媽及時發現，才沒釀成悲劇。

Anne 難過極了，她和媽媽來探望 Michel，並一再要 Michel 保證以後不幹傻事後才破涕為笑。

Anne 的母親讓 Anne 陪著 Michel，然後拉著 Michel 的媽媽來到客廳，詢問 Michel 究竟為什麼會這麼做。

原來 Michel 雖然十三歲了，可是由於家裡的經濟條件有限，又是來自單親家庭，媽媽每天為了生計忙碌，但也只能維持生活基本的開支，哪裡還有精力去顧及 Michel 的內心呢？

Anne 的媽媽詢問了這幾天發生的事情，她說：「要多注意孩子內心的變化，和孩子溝通時一定

254

要站在孩子的角度去考慮問題，對青春期的孩子來說，她們是敏感和脆弱的，稍有不慎會讓她以為妳不愛她。妳要讓孩子知道妳是愛她的，這需要靠平時的溝通和關愛來體現，孩子的心靈更需要父母來呵護啊！」

Michel 的媽媽哭了，她終於知道她和 Michel 之間真的是缺乏溝通，沒有認真對待正在發育和成長的孩子的內心世界。

處在青春期的孩子，身體和心理同樣在發育，好比一棵幼苗，不及時給予糾正和關愛，就難以長成參天大樹。認真傾聽孩子的心裡話、理解他們的感情和需求，才能有系統性地處理問題。

以下幾點可供參考：

1. 傾聽是溝通的前提。只有站在孩子的角度去認真聽、去分析孩子的心裡話，才能有系統性的給予孩子指導和幫助。如果和孩子的溝通過於急躁，一切關愛都會成為泡影。只有站在孩子的立場上去思考問題，才能做孩子的朋友；才能和孩子做到真正意義上的溝通，從而消除「代溝」！

2. 和諧的溝通氛圍很重要。要盡量多陪孩子去做他們感興趣的事，觀察孩子對事物的反應，然後傾聽孩子的見解，這時的交流是輕鬆愉快的。千萬別讓孩子站到你的面前聽你的說教，這會引起孩子的反感，而和孩子的距離拉長。

3.尊重孩子，別在他人面前提及孩子的隱私。很多父母當著孩子的面在談論自己的孩子時，往往會把孩子的缺點暴露出來，殊不知，這會傷了孩子的自尊心。

4.要讓孩子說出自己的見解。當孩子和你辯解時，不能一味地讓他聽話，也要給他為自己說話的機會，不管他的話對與錯，千萬要讓他把話說完。

5.給孩子參與家庭事務的機會。讓孩子懂得他也是家裡很重要的一個成員，這樣會慢慢培養孩子對家庭的責任心。

6.讚美孩子比批評孩子更有成效。俗話說：「好孩子是誇讚出來的！」孩子得到的讚美多了，會樹立起他的信心，反之批評多了會影響孩子的自信。但是讚美也要適度，因為將來孩子一旦走向社會，各種聲音都會有，千萬不能讓孩子聽不進來自他人批評的話，面對他人的批評，要幫孩子去認真分析，給予指導性和肯定性的總結。

很多人會有這樣的困惑：孩子愈大怎麼會愈來愈不聽話、愈來愈叛逆了呢？如果已經開始意識到這種情況，那麼做父母的一定要反思自己的言行，改變一些自己原有的想法。孩子有個性、有主見是好事，只有知道孩子想什麼、關注什麼和需要什麼，才能給予孩子關愛和幫助。十幾歲的孩子是身心發育的關鍵，也是道德品格與世界觀逐步形成的時期，這段時間，如果沒得到正確的指導，就好比一棵長歪的廢棄樹苗，哪裡還談得上有美好的未來呢？

7、說一句人人喜歡的話

情景設置

A、B——

A：嘿，我覺得您太有智慧了！我太崇拜您了！

B：您的寬容也讓我敬佩，我其實也很崇拜您！

一個會講話的人總是事半功倍，無論在任何場合，只要他一開口，說出來的話總是讓聽的人高興、舒心。自古至今，大凡有些成就的人都會講究語言表達的修養，如古羅馬共和國末期的政治家西塞羅，還有歷史上我們熟知的蜀國名相諸葛亮，以及近代美國總統林肯等等，他們都是能言善辯的人，毫不誇張地說，一個會說話的人可以在做任何事的時候顯得八面玲瓏，而更快速地達到自己

的目的。

　　我們所處的環境是一個大群體，無論生活裡還是工作中，都避免不了與別人打交道，一句別人喜歡聽的話，是決定你好人緣的基礎。那麼怎樣才能說出一句人人都喜歡的話呢？這裡總結了幾條談話技巧。

1、和別人交談的時候要專心，保持微笑，目光柔和且堅定地看著別人的眼睛。

　　可能我們看陌生人的眼睛時會感覺有些尷尬，那我們可以把目光盯住他的鼻子或者嘴巴。任何時候都不要顯露出一副心不在焉的樣子，尤其忌諱不等別人把話說完就急急忙忙地打斷別人說話，或者因為趕時間而不停地看錶。這樣會讓別人覺得自己不受重視，被人輕視，這種感覺非常不好，如果對方是脾氣不好的人，說不定會因為這樣的情況而大發雷霆。

2、和他人談話的時候可以適當地用幽默的語言來調節一下談話的氛圍。

　　這種情況尤其適用於和不熟悉的人甚至陌生人談話，因為彼此的不熟悉有時候會遭遇冷場，兩個人尷尬地坐在那裡，愈不說話就愈找不到話題。這時候可以用幽默的語言或者一個笑話來打開氛圍，讓談話更順利地進行下去。

3、和他人談話，別太在意自己出現的口誤。

無論眼前的這個人有多重要，你有多麼緊張，一旦說錯話就讓錯誤過去吧！千萬不要矯枉過正，糾結於某個字眼或者某句不太貼切的話上，翻來覆去找機會想要解釋什麼，這樣只能讓別人覺得你很緊張。談話的時候出現口誤，一般來說是可以理解的，無論是在面試、工作彙報等等事物上，千萬不要因為糾結於一個字或者一句話而影響了大局。

4、遇到阻礙可以發牢騷，但請找對的傾聽者。

有些事情我們並不專業，遇到困難也無法解決，雖然心情會變得鬱悶，但最好能夠找到一個懂得如何做的人來給我們「講講課」，我們不妨做個認真的傾聽者，聽聽別人的經驗、意見或建議，也許我們很快就能走出困境。

5、在向別人傳達某件很急迫的事情時，一定要抓住事情的核心關鍵來說

我們可以強調所傳達的中心問題，但別太過提及問題周邊的其他事情，那樣會讓人容易弄混你想表達的意思。

6、不該說話的場合，千萬別信口開河、滔滔不絕。

我們在工作、生活中總會遇到一些重要的或者特殊的場合，也許我們在這種場合上並不適合出現或者並不適合說話，這時候最重要的就是讓自己沉穩下來，閉緊嘴巴認真傾聽，不該說的不說，

不該問的不問，不該打聽的不要胡亂去打聽，別讓自己成為整個會場最不和諧的場景。

除此之外我們也要注意一個非常重要的問題，那就是在什麼場合說什麼話，學會察言觀色，懂得看別人的心情、心理，有選擇、有限制、有技巧地去說話，把握場合的特點，讓自己在各種場合都遊刃有餘、八面玲瓏。

如果，我們具備了上面所說的幾點，那麼，我們就可以把自己的談話狀態掌握到最好。

有個男生在學校的時候，喜歡上自己班上的女同學，卻苦於無法找到和女同學說話的機會，有時候好不容易等到和女同學單獨相處的機會時，他卻發現自己根本不知道如何開口。他心裡十分想跟自己喜歡的這個女同學說一些讓她開心的話，以便吸引她的注意，可是什麼話才能引起這位女同學的興趣呢？

正在著急的時候，他看到女同學不斷地拿出自己的手機來玩，而她的手機包膜十分有特色，跟大家使用的與眾不同。而且她的手機十分嶄新，上面還有鑲鑽，掛著可愛的飾品，看得出她很珍惜自己的手機。

於是男同學靈機一動，用手機相關的話題跟女同學開始聊天。他首先非常誠懇地表示她的手機非常漂亮，然後他又藉著手機和對方聊起了手機的很多功能，當聊到使用手機閱讀小說的時候，女

260

同學明顯提高了興趣，兩人的話題也多了起來。這位男同學運用他人喜歡的話題，終於成功地打開了溝通之門。

很多人都覺得「察言觀色」並不容易，從別人的臉上看出他們的心情可不是一件容易的事情，有很多人往往還會看錯別人的表情，甚至會錯意，鬧出了很多笑話。

其實「察言觀色」很簡單，我們不僅僅要看別人的臉色，更要看別人無意中展現出來的肢體語言。從他人的眉頭、臉色、表情，可以看出這個人的狀態，如果此人眉頭緊鎖，臉色略帶蒼白，有時候還會把手放在肚子上表現出不舒服的表情，那這個人可能是腹部不舒服。如果他是我們的客人，我們可以先熱情地讓他坐下，然後倒一杯熱茶給他，關心地問候幾句，也許一杯熱茶和幾句關懷之後，你和他的話題就此打開。

如果一個人面帶笑容，臉上泛起紅光，眼睛裡透露出開心興奮的表情，不時地做一些小動作，那你可以仔細觀察一下這個人是否在穿著上格外用心，或者妝容格外年輕美麗，也許她遇到了一些讓人開心的事情，那麼我們不妨先客氣地恭維她幾句好聽的話，讓她保持好心情，這時候你就等於打開了她的心扉，和她聊天自然會更加順暢。

說一句人人喜歡的話一點也不難，難的是「願意說」的心和「能夠說」的聰明。

國家圖書館出版品預行編目 (CIP) 資料

別讓不會說話害了你／唐牧心著 .-- 第一版 .-- 臺北市：
樂果文化出版：紅螞蟻圖書發行, 2016.02
　面；　公分 .--（樂繽紛；31）
ISBN 978-986-92619-7-5(平裝)

1. 說話藝術　2. 口才

192.32　　　　　　　　　　　　　　105000835

樂繽紛 31

別讓不會說話害了你

作　　　者	／唐牧心
總　編　輯	／何南輝
行 銷 企 劃	／黃文秀
封 面 設 計	／張一心
內 頁 設 計	／Chris' Office

出　　　版 ／樂果文化事業有限公司
讀 者 服 務 專 線 ／（02）2795-3656
劃 撥 帳 號 ／50118837 號　樂果文化事業有限公司
印　刷　廠 ／卡樂彩色製版印刷有限公司
總　經　銷 ／紅螞蟻圖書有限公司
地　　　址 ／台北市內湖區舊宗路二段 121 巷 19 號（紅螞蟻資訊大樓）
　　　　　　　電話：（02）2795-3656
　　　　　　　傳真：（02）2795-4100

2016 年 2 月第一版　定價／ 280 元　ISBN 978-986-92619-7-5